は　じ　め　に

　　この本は，英語が苦手だと感じていたり，これからしっかりと英語を学びたいと思っていたりする人たちのために作られました。

　　英語を学んでいるうちに，よく理解できない部分が少しずつ増えていくのは，誰にでも経験があることです。そのような場合に，苦手な単元をふり返って，学ぶべき内容をきちんと理解できたら，英語の実力は確実に向上していきます。

　　また，これから新しい内容を学ぼうとする人たちにとっては，学ぶべき内容が明確に見てとれることが大切です。多くの単元内容の中で，最も重要で，確実に理解しておかなければならない事柄を無理なく把握できれば，学習は着実に進んでいきます。

　　そのために，この本は，それぞれの学習内容の中で，基本的で重要な部分をむだなく学習できるように作られまず把握するべき内容がわかりやすい形で左ページに，学んだ内容を理解しやすい標準的な例文で効率ページに練習問題が配してあります。

　　これらの特長をよく理解して，普段の学習に役立ててください。

　　英語学習のポイントは，学ぶべき内容をはっきりと理解しつつ，実際に自分で使ってみるということです。それも，細かな部分にとらわれるのではなく，一番基本となる部分を正しく学習し続けることが大切です。そのような学習を続けることによって，自然と英語が身につき，自分の英語力が次第に向上していくのを実感することができるでしょう。

　　現在のわれわれの世界では，英語を用いる必要性が日々高まっています。単に学習のためだけでなく，よりよい生活を送ったり，将来の職業で使用したりするためにも，英語の力を大きく伸ばしておかなければなりません。この本がそのようなみなさんのお役に立てることを願っています。

しくみと使い方

① 1回の単元の学習内容は2ページです。

その単元で学習する要点をまとめています。学習を始める前に確認しておきましょう。

学習する内容を説明しています。文章の途中にある空所をうめましょう。答えは右ページのいちばん下にのせています。

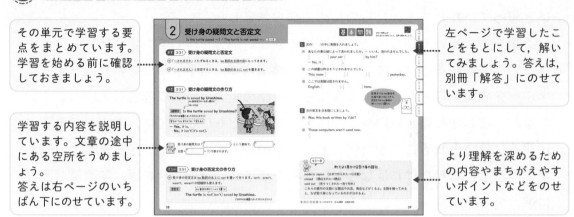

左ページで学習したことをもとにして、解いてみましょう。答えは、別冊「解答」にのせています。

より理解を深めるための内容やまちがえやすいポイントなどをのせています。

② 数単元ごとに、学習の内容を理解したかどうか確かめるための「確認テスト」があります。

まちがえた問題は、前のページに戻って、もう一度確認しましょう。

QRコードを読み取ると、英文の音声を聞くことができます。本書の画像のグレー部分をタッチして音声を再生してください。

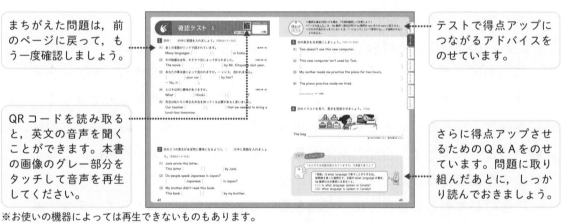

テストで得点アップにつながるアドバイスをのせています。

さらに得点アップさせるためのQ＆Aをのせています。問題に取り組んだあとに、しっかり読んでおきましょう。

※お使いの機器によっては再生できないものもあります。
　通信費はお客様負担になります。

③ 巻頭には「中1・2の復習」を設けていますので、中学1・2年で学習した内容を確認してから中学3年の学習を本格的に進めることができます。また、巻末にある「会話表現編」で会話特有の表現方法も学習することができます。

④ 基本問題・確認テスト・会話表現編・実力テストの答えは「別冊解答」にのせています。

目次

be 動詞・一般動詞（現在形）

まず ココ！ 英語の「動詞」

➡️ 1つの英文には，be 動詞または一般動詞のどちらか1つが入ります。be 動詞には am / are / is があり，主語によって使い分けます。一般動詞は「〜が好きだ」などの心の動きや，「〜する」という体の動きを表すことばです。

つぎ ココ！ be 動詞と一般動詞の文の作り方

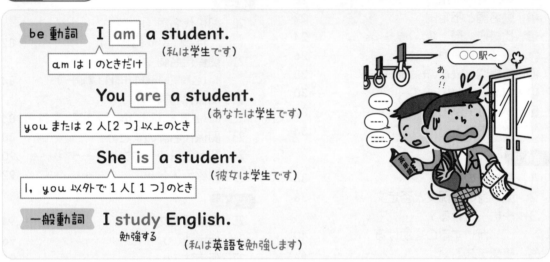

be 動詞 I am a student. （私は学生です）
am は I のときだけ

You are a student. （あなたは学生です）
you または2人[2つ]以上のとき

She is a student. （彼女は学生です）
I, you 以外で1人[1つ]のとき

一般動詞 I study English.
勉強する （私は英語を勉強します）

まとめよう✏️ 動詞には「〜です」という意味の①_____動詞と，「〜が好きだ」などの思いや「〜する」という動作を表す②_____動詞があります。

さらに ココ！ 主語が3人称・単数で現在の文

➡️ 3人称・単数とは，I, you 以外の1人の人や1つのものを表します。主語が3人称・単数で現在の文では一般動詞に s または es をつけます。

Tom plays the trumpet every day. （トムは毎日トランペットを演奏します）

　　　　　　　　　➡️ y を i に変えて es をつける
My sister studies English. （私の妹は英語を勉強します）

　　　　　　➡️ have は has に形が変わる
Mr. Tanaka has a new computer. （田中さんは新しいコンピュータを持っています）

基 本 問 題

解答⇒別冊 p.2
答え合わせが終わったら，音声を聞きましょう。

1 次の（　）の中に am，are，is のいずれかを入れましょう。

(1)　This baby（　　　　　）cute.

(2)　You（　　　　　）my friend.

(3)　I（　　　　　）interested in music.

2 次の（　）の中に一般動詞を入れましょう。

(1)　彼女は放課後ピアノをひきます。

　　She（　　　　　）the piano after school.

(2)　彼はよくこのペンを使います。

　　He often（　　　　　）this pen.

(3)　彼らは毎日英語の勉強をします。

　　They（　　　　　）English every day.

主語によって
一般動詞を変化
させてね。

3 次の（　）の中に英語を入れましょう。

(1)　それらは彼女のカバンです。

　　They（　　　　）（　　　　　　）bags.

(2)　私は毎日図書館に行きます。

　　I（　　　　）（　　　　　　）the library every day.

もう一歩

be 動詞と一般動詞のちがい

「…は」と「＝（イコール）」で結べるものがあるときには be 動詞を使うよ。

He is a teacher.　　（彼は先生です）　　…「He ＝ a teacher」

He plays baseball .（彼は野球をします）　…「He ＝ baseball」ではない

左 ペ ー ジ の 答　①be　②一般

be 動詞・一般動詞（過去形）

まず ココ！ be 動詞と一般動詞の過去形

➡ 「～でした」と過去のことを話すときは，**be 動詞の過去形 was / were** を使います。「～しました」と過去のことを話すときは，**一般動詞の語尾に d または ed をつけて過去形**に変化させます。

つぎ ココ！ be 動詞と一般動詞の過去の文の作り方

be 動詞

am と is の過去形は was。
be 動詞の過去形は was と were の 2 つだけ。

でした
I **was** happy yesterday.
　　am の過去形

でした
She **was** happy yesterday.
　　is の過去形

でした
They **were** happy yesterday.
　　are の過去形

一般動詞

I play**ed** the trumpet yesterday.
演奏した　　一般動詞の過去形は主語が
　　　　　何であっても形は同じだよ

He play**ed** the trumpet yesterday.
演奏した

昨日…

まとめ
よう

am と is の過去形は ① _____， are の過去形は ② _____ です。一般動詞の過去形は，語尾に ③ _____ または ④ _____ をつけます。

さらに ココ！ 不規則動詞

➡ d または ed をつけて過去形を作る「**規則動詞**」に対して，go や make のように，単語の形が変わる動詞を「**不規則動詞**」といいます。

現在形 I **go** to the library every Sunday.

（私は毎週日曜日に図書館に行きます）

過去形 I **went** to the library last Sunday.

不規則動詞は現在形と過去形を
セットで覚えておくといいよ

過去の文でよく使われる語
（私はこの前の日曜日に図書館に行きました）

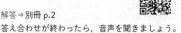

基本問題

解答⇒別冊 p.2
答え合わせが終わったら，音声を聞きましょう。

中 1・2 の 復習

第 1 章

第 2 章

第 3 章

第 4 章

第 5 章

第 6 章

1 次の（　）の中に was，were のどちらかを入れましょう。

(1) I （　　　　　　） happy last night.

(2) You （　　　　　　） a student last year.

(3) They （　　　　　　） soccer players three years ago.

2 次の（　）の中に過去形の一般動詞を入れましょう。

(1) 彼女はピアノをひきました。
   She （　　　　　　） the piano.

(2) 私は先週図書館に行きました。
   I （　　　　　　） to the library last week.

(3) 彼は駅でマイクに会いました。
   He （　　　　　　） Mike at the station.

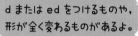
d または ed をつけるものや，
形が全く変わるものがあるよ。

3 次の（　）の中に英語を入れましょう。

(1) 彼女は昨日このコンピュータを使いました。
   She （　　　　　　） this computer yesterday.

(2) 私の父は教師でした。
   My father （　　　　　　） a teacher.

左 ペ ー ジ の 答　①was　②were　③d　④ed（③・④は逆でも可）

現在進行形と過去進行形

まず ココ！ ▷ 現在進行形と過去進行形

➡️ 「〜しています」と，今している動作を表すときは，〈am / are / is＋動詞の 〜ing 形〉の形を使います。「〜していました」と過去のあるときにしていた動作を表すときは，〈was / were＋動詞の 〜ing 形〉の形を使います。

つぎ ココ！ ▷ 現在進行形と過去進行形の文の作り方

現在進行形

Mika is practicing judo now.

今まさにしている動作 ┘   今

（ミカは今柔道を練習しています）

過去進行形

Mika was practicing judo then.

過去のあるときにしていた動作 ┘   そのとき

（ミカはそのとき柔道を練習していました）

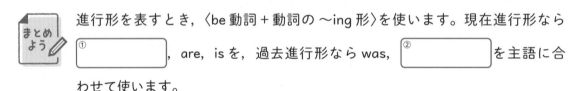

まとめよう 進行形を表すとき，〈be 動詞＋動詞の 〜ing 形〉を使います。現在進行形なら ① [＿＿＿＿＿]，are，is を，過去進行形なら was，② [＿＿＿＿＿] を主語に合わせて使います。

さらに ココ！ ▷ 動詞の 〜ing 形の作り方

➡️ 動詞の 〜ing 形の作り方には 3 通りの方法があります。

① そのまま ing	例 play → playing study → studying
② e で終わる動詞は 最後の e をとって ing	例 make → making write → writing
③ 最後の文字を重ねて ing	例 run → running stop → stopping

数は少ないので，〜ing 形そのものを覚えよう！

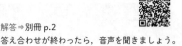

中1・2の復習

第1章
第2章
第3章
第4章
第5章
第6章

基本問題

解答⇒別冊 p.2
答え合わせが終わったら，音声を聞きましょう。

1 次の( )の中に英語を入れて，現在進行形の文を作りましょう。

(1) 私は今，朝食を作っています。

I ( ) ( ) breakfast now.

(2) 彼は公園で走っています。

He ( ) ( ) in the park.

(3) 彼らは川で泳いでいます。

They ( ) ( ) in the river.

> 進行形は，〈be 動詞＋動詞の ～ing 形〉だよ。

2 次の( )の中に英語を入れて，過去進行形の文を作りましょう。

(1) 彼女はピアノをひいていました。

She ( ) ( ) the piano.

(2) 彼らは図書館で本を読んでいました。

They ( ) ( ) books in the library.

(3) 私はそのときコンピュータを使っていました。

I ( ) ( ) the computer then.

(4) 私の父は車を洗っていました。

My father ( ) ( ) a car.

左 ペ ー ジ の 答 ① am ② were

確認テスト ①

解答⇒別冊 p.2

目標得点：70点

/ 100

1 次の（　　　）の中に英語を入れましょう。(7点×4＝28点)

(1) 私は科学に興味があります。

I（　　　　　　　）interested in science.

(2) 彼女はよくこの辞書を使います。

She often（　　　　　　　）this dictionary.

(3) 彼らは2年前はテニスの選手でした。

They（　　　　　　　）tennis players two years ago.

(4) 彼は駅でマイクに会いました。

He（　　　　　　　）Mike at the station.

2 ［　　　］の中の語を並べかえて，正しい英文を作りましょう。(8点×3＝24点)

(1) この赤ん坊はかわいいです。

[baby / is / cute / this].

_____.

(2) マイクは新しいコンピュータを持っています。

[new / has / computer / a / Mike].

_____.

(3) 私は先週図書館に行きました。

[library / I / the / went / to] last week.

_____ last week.

中1·2の復習

第1章

第2章

第3章

第4章

第5章

第6章

◎ be 動詞は am / are / is / was / were のことで，一般動詞は思いや体の動きを表すことばだよ。
◎ 主語が 3 人称・単数のときは，一般動詞に s または es をつけよう。
◎ 一般動詞の過去形は，主語が何でも形は同じだよ。不規則動詞に気をつけよう。

3 次の英文を日本語にしましょう。(8点×3＝24点)

(1) She plays the piano after school.

(　　　　　　　　　　　　　　　　　　　　　　　　　　　)

(2) They are her bags.

(　　　　　　　　　　　　　　　　　　　　　　　　　　　)

(3) I am cooking breakfast now.

(　　　　　　　　　　　　　　　　　　　　　　　　　　　)

4 次の英文を(　　)の中の指示にしたがって書きかえましょう。(8点×3＝24点)

(1) He runs in the park. （現在進行形に）

_____

(2) They study English every day. （下線部を yesterday にかえて）

_____

(3) This flower is very beautiful. （下線部を These flowers にかえて）

_____

答え合わせが終わったら，音声を聞きましょう。

これで レベルアップ

be 動詞と一般動詞って何？

英語の動詞には，be 動詞と一般動詞があるよ。be 動詞は am / are / is / was / were のことで，be 動詞以外の動詞，play や swim などを一般動詞というよ。

未来表現 be going to / will

まず ココ！ 未来表現の be going to と will

➡ 前もって決めていたことについて「～するつもりです」というときは，〈be動詞＋going to＋動詞の原形〉の形を使います。

➡ そのときに決めたことを「～するつもりです[しようと思う]」というときや，「～でしょう」と未来のことを予想するときは，〈will＋動詞の原形〉の形を使います。

つぎ ココ！ 未来表現の文の作り方

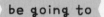
be going to

I ⎡am⎤ going to go to Kyoto tomorrow.
　　　　　　　　　　（私は明日京都へ行くつもりです）
I'm → 主語によって be 動詞 am, are, is を使い分けよう！

will　その場で決めたことについては，will を使うよ！

I will go to Kyoto tomorrow.
　　　　　　　　　　（私は明日京都へ行くつもりです）
I'll と短縮できるよ！

明日は …？

明日、京都へ行かない？
行く！

まとめよう

未来のことを表すときは，〈be 動詞＋①[＿＿＿＿]to＋動詞の原形〉か，または〈②[＿＿＿＿]＋動詞の原形〉を使います。

さらに ココ！ 未来表現の疑問文と否定文の作り方

➡ be going to を使った疑問文は，be 動詞を主語の前にもってきます。否定文は be 動詞のあとに not を置きます。

➡ will を使った疑問文は，will を主語の前にもってきます。will の否定文は will のあとに not を置きます。will not の短縮形は won't です。

Is Rie going to stay with her aunt?（リエはおばさんの家に滞在するつもりですか）

Rie will not[won't] stay with her aunt.（リエはおばさんの家に滞在しないでしょう）

基 本 問 題

解答⇒別冊 p.3
答え合わせが終わったら，音声を聞きましょう。

1 次の（　）の中に英語を入れましょう。

(1) 私は北海道を訪れるつもりです。

I （　　　　　）（　　　　　　　）（　　　　　　　　） visit Hokkaido.

(2) 彼はよい医者になるでしょう。

He （　　　　　）（　　　　　　　） a good doctor.

(3) 彼女は公園でテニスをするつもりです。

She （　　　　　）（　　　　　　　）（　　　　　　　　） play tennis in the park.

(4) あなたは図書館に行くつもりですか。— いいえ，行きません。

（　　　　　　　） you （　　　　　　　） to the library?
— No, I （　　　　　　　）.

be going to か
will を使うよ。

2 次の日本文を英語にしましょう。[　]の中の語数にしましょう。

(1) 私の父は来週このコンピュータを使うでしょう。[8 語]

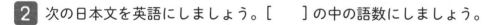
_____

(2) 明日は雨でしょう。[4 語]

_____

(3) 彼は来週テレビを見ないでしょう。[6 語]

_____

左 ペ ー ジ の 答　① going　② will

13

助動詞 can, could, may, must

まず ココ！ 助動詞 can, could, may, must

➡ can, could, may, must などを「助動詞」と言います。助動詞の形は，主語が何であっても変化しません。また，助動詞のあとの動詞は原形にします。

つぎ ココ！ 助動詞を使った文の作り方

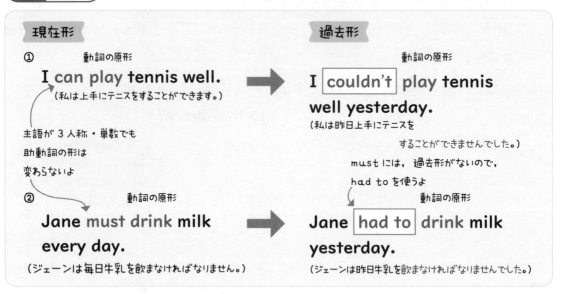

現在形

① 動詞の原形
I can play tennis well.
（私は上手にテニスをすることができます。）

主語が 3 人称・単数でも
助動詞の形は
変わらないよ

② 動詞の原形
Jane must drink milk every day.
（ジェーンは毎日牛乳を飲まなければなりません。）

過去形

動詞の原形
I couldn't play tennis well yesterday.
（私は昨日上手にテニスをすることができませんでした。）

must には，過去形がないので，
had to を使うよ

動詞の原形
Jane had to drink milk yesterday.
（ジェーンは昨日牛乳を飲まなければなりませんでした。）

まとめよう　can の過去形は ①［　　　　　］，must の過去形は ②［　　　　　］to で表されます。

さらに ココ！ Could you ～? と May I ～?

➡ can の過去形の could を使って，Could you ～? とすると，「～してくださいませんか」というていねいな依頼の意味を表します。

➡ May I ～? は，「（私が）～してもよいですか」という意味で，許可を求めるときに使われます。

Could you open the window? （窓を開けてくださいませんか）
└ Can you ～?（～してくれませんか）よりていねいな表現

May I read this comic book? （このマンガ本を読んでもよいですか）

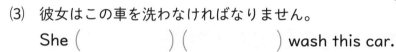

基本問題　解答⇒別冊 p.3
答え合わせが終わったら，音声を聞きましょう。

中 1・2 の復習

第1章

第2章

第3章

第4章

第5章

第6章

1 次の（　　）の中に英語を入れましょう。

(1) 彼は上手にピアノをひくことができます。

He （　　　　　）（　　　　　　　　） the piano well.

(2) このペンを使ってもいいですか。

（　　　　　）（　　　　　　　　） use this pen?

「〜してもいいですか」は，2つの表現ができるよ。

(3) 彼女はこの車を洗わなければなりません。

She （　　　　　）（　　　　　　） wash this car.

(4) 私を手伝ってくださいませんか。

（　　　　　）（　　　　　　　） help me?

2 次の英文を日本語にしましょう。

(1) You must do your homework now.

（　　　　　　　　　　　　　　　　　　　　　　　　　　　　　　）

(2) You must not run in this park.

（　　　　　　　　　　　　　　　　　　　　　　　　　　　　　　）

(3) Could you clean my room?

（　　　　　　　　　　　　　　　　　　　　　　　　　　　　　　）

もう一歩

May I 〜? と Can I 〜?

「〜してもいいですか」という表現には，May I 〜? のほかに Can I 〜? も使うことができるよ。May I 〜? は目上の人に使うようなていねいな感じで，Can I 〜? というと，友だちとか気軽に話せる人に使うよ。

左ページの答　① could　② had

15

命令文・否定の命令文・Let's 〜.

まず ココ！ ▶ 命令文・否定の命令文

➡️ 相手に対して「〜しなさい」，「〜になりなさい」と指示するときは，動詞の原形で文を始める命令文を使います。

➡️ 命令文の前に don't を置くと，「〜してはいけません」，「〜になってはいけません」という禁止の表現（否定の命令文）になります。

つぎ ココ！ ▶ 命令文・否定の命令文の作り方

命令文　主語をとる

You　Open this box.　（この箱を開けなさい。）

You　Be kind.　（親切にしなさい。）
　　　　　↑親切な
　　　　　be 動詞の原形

否定の命令文　〈Don't＋動詞の原形 〜.〉の形で表すよ

Don't open this box.　（この箱を開けてはいけません。）

Don't be sad.　（悲しんではいけません。）
　　　　　　悲しい

 まとめ よう

① _____ の原形で文を始めると，「〜しなさい」，「〜になりなさい」という意味の命令文になります。命令文の前に ② _____ を置くと，「〜してはいけません」，「〜になってはいけません」という禁止の表現になります。

さらに ココ！ ▶ Let's で始める文

➡️ 〈Let's ＋動詞の原形 〜.〉で，「〜しましょう」と誘う文になります。

Let's play soccer.　（サッカーをしましょう）

—All right. / OK. / Yes, let's. / Sure.　（いいよ）

　No, let's not.　（いや，よそうよ）

中1・2の復習

第1章
第2章
第3章
第4章
第5章
第6章

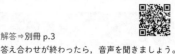

基本問題

解答⇒別冊 p.3
答え合わせが終わったら，音声を聞きましょう。

1 次の( )の中に英語を入れましょう。

(1) 英語を話しなさい。
( ) English.

(2) 走ってはいけません。
( ) ( ).

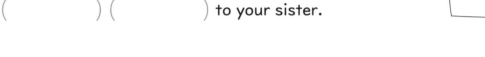

be 動詞の命令文は，
Be 〜. だよ。

(3) 買い物に行きましょう。
( ) ( ) shopping.

(4) 妹に親切にしなさい。
( ) ( ) to your sister.

2 次の英文を( )の中の指示にしたがって書きかえましょう。

(1) You do your homework. （命令文に）

_____

(2) You use this computer. （否定の命令文に）

_____

もう一歩

Be kind. の be はなぜ必要なの？

be は be 動詞の原形だったね。kind は「親切な」という意味の形容詞なんだよ。形容詞とは，「長いえんぴつ」の「長い」や「背が高い人」の「背が高い」など，ものや人のようすを説明する語だったね。形容詞は be 動詞とくっついて 1 つの文を作るよ。Be kind. は You are kind. の文の主語 you をとって，be 動詞 are を原形の be にしたものなんだ。

左ページの答 ①動詞 ②don't

確認テスト ②

解答⇒別冊 p.4

目標得点：70点

/ 100

1 次の（　　）の中に英語を入れましょう。(完答6点×7＝42点)

(1) 明日はくもりでしょう。　　　　　　　　　　　　　　　〔島根県一改〕

It (　　　　　) (　　　　　　　　) cloudy tomorrow.
<u>くもりの</u>

(2) 彼はこの本を読むことができました。

He (　　　　　) (　　　　　　　　) this book.

(3) 彼女はこの車を洗わなければなりません。

She (　　　　　) (　　　　　　　　) wash this car.

(4) 私は3時にここにいるでしょう。　　　　　　　　　　　〔愛知県一改〕

I (　　　　) (　　　　　) (　　　　　　　) at three.

(5) マイクは上手にピアノをひくことができます。

Mike (　　　　　) (　　　　　　　　) the piano well.

(6) もう一度言っていただけませんか。

(　　　　　) (　　　　　　　　) say that again?

(7) あなたのコンピュータを使ってもよいですか。

(　　　　　) (　　　　　　　　) use your computer?

2 次の英文を（　　）の中の指示にしたがって書きかえましょう。(7点×3＝21点)

(1) You must speak English here. （否定文に）

_____

(2) He must go to the park. （過去の文に）

_____

(3) She will watch a movie tomorrow.

　　　　　　　（be going to を使ってほぼ同じ意味の英文に）

_____

◎ 助動詞は主語が何でも形は変わらず，後ろには動詞の原形がくるよ。
◎ have to は主語が3人称・単数で現在の文では has to に，過去の文では had to になるよ。
◎〈Let's ＋動詞の原形 ～ .〉は「～しましょう」という意味だよ。

中1·2の復習

第1章

第2章

第3章

第4章

第5章

第6章

3 [　]の中の語を並べかえて，正しい英文を作りましょう。（9点×3＝27点）

(1) 窓を開けてはいけません。　　　　　　　　　　　　　　　　　　　　　〔富山県〕

[open / window / don't / the].

_____ .

(2) 私はいっしょうけんめいサッカーを練習するつもりです。

[soccer / I / going / am / to / practice] hard.

_____ hard.

(3) あなたは明日，学校へ行く必要はありません。　　　　　　　　〔富山県一改〕

[go / you / to / have / don't] to school tomorrow.

_____ to school tomorrow.

4 次のイラストの吹き出しに入る英文を＿＿＿線部に書きましょう。（10点）

Ken：_____ , Jack.

答え合わせが終わったら，音声を聞きましょう。

 レベルアップ

「～かもしれない」は，英語でどう表すの？

助動詞 may を使うよ。may には，「～かもしれない」という
意味のほかに，「～してもよい」という意味もあるよ。

不定詞の3用法

まず ココ！ 不定詞の3用法

→ to＋動詞の原形のことを不定詞と言います。

→ 不定詞には動詞を説明する副詞的用法，名詞や something などを説明する形容詞的用法，名詞と同じ働きをする名詞的用法があります。

→ 副詞的用法は「〜するために」，形容詞的用法は「〜するための」，名詞的用法は「〜すること」という意味を表します。

つぎ ココ！ 不定詞を使った文の作り方

副詞的用法　I came here to see you.

前の動詞を説明　（私はあなたに会うためにここに 来ました ）

Why 〜 ?（なぜ〜）の問いに目的を答えるとき，副詞的用法の不定詞（〜するために）を使って答えることができるよ。

Why do you study English? （なぜ英語を勉強するのですか）

― **To study abroad.** （留学するためです）→目的

何か　　食べるための

形容詞的用法　I want something to eat. （私は食べるための何か
　　　　　　　　　　　　　　　　　　　　（＝何か食べるもの）がほしいです）

前の（代）名詞を説明

名詞的用法　I want to be a doctor.（私は医者になることを望みます（＝なりたいです））

まとめよう　to＋動詞の原形には，① [　　　　　　] 的用法（〜するために），② [　　　　　　] 的用法（〜するための），③ [　　　　　　] 的用法（〜すること）の3つの用法があります。

さらに ココ！ 感情の原因を表す不定詞を使った文

→ 感情を表す形容詞の後ろに不定詞をおいて「〜して…だ」と感情の理由を表すことができます。感情を表す形容詞は，happy/glad「うれしい」，sad「悲しい」，surprised「驚いた」，excited「わくわくした」などがあります。

We are surprised to hear the news.

（私たちはその知らせを聞いて驚いています。）

中1・2の復習

第1章
第2章
第3章
第4章
第5章
第6章

基本問題 解答⇒別冊 p.4
答え合わせが終わったら，音声を聞きましょう。

1 次の（ ）の中に英語を入れましょう。

(1) 私は映画を見るのが好きです。

I（　　　　　　）（　　　　　　　　）watch movies.

(2) 彼女にはすべき宿題がたくさんあります。

She has a lot of（　　　　　　　）（　　　　　　　）（　　　　　　　）.

(3) 彼は英語を勉強しにカナダへ行きました。

He went to Canada（　　　　　　　）（　　　　　　　　）English.

(4) 私の仕事は音楽を教えることです。

My job is（　　　　　　　）（　　　　　）

music.

不定詞の to の
あとには，動詞
の原形がくるよ。

2 ［　　］の中の語句を並べかえて，正しい英文を作りましょう。

(1) 彼らは買い物に行きたがっています。

[want / go / they / to / shopping].

_____.

(2) 京都には訪問する場所がたくさんあります。

[has / a lot of / to / Kyoto / places / visit].

_____.

(3) トムはテレビを見るために早く家に帰りました。

[home / to / TV / Tom / early / went / watch].

_____.

(4) 私はその本が見つかってうれしかったです。

[was / I / find / to / the book / happy].

_____.

左ページの答 ①副詞 ②形容詞 ③名詞

まず ココ！ 動名詞と不定詞

➡ 動詞に ing がつき，名詞と同じ働きをするものを**動名詞**と言います。

➡ 動名詞は「**〜すること**」という意味で，不定詞の**名詞的用法**と同じ意味を持っています。

つぎ ココ！ 動名詞と不定詞を使った文

主語
Singing songs is my hobby.
=To sing　　　　（歌を歌うことは私の趣味です）
動名詞が主語になる場合は，3人称・単数あつかいだよ
songs が複数だからといって are にしないように注意！

目的語
I like singing songs.
　　=to sing　（私は歌を歌うことが好きです）

補語
My hobby is singing songs.
　　　　=to sing　（私の趣味は歌を歌うことです）

まとめ
よう
動名詞や不定詞の名詞的用法は「〜すること」という意味を表し，文の最初にきて「〜は」という意味の①[　　　　　　　　]，一般動詞の直後にきて「〜を」という意味の②[　　　　　　　　]，be 動詞のあとにきて主語を説明する補語になります。

さらに ココ！ 動名詞と不定詞を目的語にとる動詞

➡ start, begin, like は，目的語に**不定詞と動名詞の両方**を置くことができます。

➡ enjoy, finish, stop は，目的語に**動名詞**しか置くことができません。

➡ want, hope, decide は，目的語に**不定詞**しか置くことができません。

Sachi likes drawing[to draw] pictures.　（サチは絵を描くことが好きです）

Sachi enjoys drawing pictures.　（サチは絵を描くのを楽しみます）

Sachi wants to draw pictures.　（サチは絵を描きたいです）

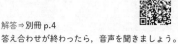

基本問題

解答⇒別冊 p.4
答え合わせが終わったら，音声を聞きましょう。

中1・2の復習

第1章

第2章

第3章

第4章

第5章

第6章

1 次の＿＿線部に英語を入れましょう。

(1) 私は音楽を聞くのが好きです。

I ＿＿＿＿＿＿＿＿＿＿＿＿＿＿＿ listen to music.

(2) 私たちは川で泳ぐのを楽しみました。

We ＿＿＿＿＿＿＿＿＿＿＿＿＿＿＿ in the river.

(3) 彼女は宿題をし終えました。

She ＿＿＿＿＿＿＿＿＿＿＿＿＿＿＿ her homework.

(4) 料理をすることは楽しいです。

＿＿＿＿＿＿＿＿＿＿＿＿＿＿＿ fun.

> 動詞のあとに不定詞と動名詞のどちらを使うか考えてね。

2 次の（　　）の中に英語を入れましょう。

(1) 私は公園でサッカーをしたいです。

I（　　　　　）（　　　　　）（　　　　　）soccer in the park.

(2) 彼はテレビを見るのをやめました。

He（　　　　　）（　　　　　）TV.

(3) その赤ちゃんは泣き出しました。

The baby began（　　　　　）.

まず ココ! ▶ 比較級，最上級，as 〜 as ...

➡ 2つの人やものを比べるときは**比較級**を，3つ以上の人やものを比べるときは，**最上級**を使います。

➡ 2つの人やものを比べて同じ程度であることを表すとき，**as 〜 as ...** の形を使います。

つぎ ココ! ▶ 比較級，最上級，as 〜 as ... の文の作り方

Makoto is taller than Mike.
比較級 …よりも

Makoto is the tallest of the three.
形容詞の最上級の前には，the をつけるよ　最上級 いちばん〜 …の中で

Makoto is as tall as his father.
同じくらい〜

まとめよう er をつけた形を [①]，est をつけた形を [②] といいます。

さらに ココ! ▶ more，most をつける形容詞と副詞

➡ つづりの長い形容詞・副詞の比較級や最上級は，er / est をつけずに，単語の前に more，most を置きます。

Who is the most beautiful in this world?
いちばん美しい …の中で （だれがこの世界でいちばん美しいですか）

Snow White is more beautiful than the Queen.
もっと美しい …よりも （白雪姫は女王よりも（もっと）美しいです）

基本問題

解答⇒別冊 p.5
答え合わせが終わったら，音声を聞きましょう。

1 次の＿＿線部に英語を入れましょう。

(1) 私は彼女の弟と同い年です。

I am ＿＿＿＿＿＿＿＿＿＿＿ her brother.

(2) 彼女は彼女の姉より背が高いです。

She is ＿＿＿＿＿＿＿＿＿＿＿ her sister.

(3) このえんぴつは3本の中でいちばん長いです。

This pencil is ＿＿＿＿＿＿＿＿＿＿＿ of the three.

(4) この車はあの車ほど新しくありません。

This car is ＿＿＿＿＿＿＿＿＿＿＿ that one.

2 次の(　　)の中に英語を入れましょう。

(1) ケンはポールと同じくらい上手にテニスをします。

Ken plays tennis (　　　　　)(　　　　　)(　　　　　) Paul.

(2) 私はクラスの中でいちばん速く走ることができます。

I can run (　　　　　)(　　　　　) in my class.

もう一歩

比較級と最上級の不規則変化

形容詞 good と，副詞 well の最上級と比較級は，better，best になるよ。

形容詞 good(よい)→ better(もっとよい)→ best(いちばんよい)

This is the best way of all. （これはすべての中でいちばんよい方法です）

副詞 well(上手に)→ better(もっと上手に)→ best(いちばん上手に)

My father cooks better than my mother.

（父は母よりも（もっと）上手に料理をします）

左ページの答 ①比較級 ②最上級

1 次の（　　）の中に英語を入れましょう。（完答8点×5＝40点）

(1) 私たちはその映画を見るのを楽しみました。 〔栃木県一改〕

We （　　　　　）（　　　　　　　　　） the movie.

(2) 私にはすべき仕事がたくさんありました。 〔青森県一改〕

I had a lot of （　　　　　　）（　　　　　）（　　　　　）.
　　　　　　　　┗→仕事

(3) 彼はフランス語を勉強しにフランスへ行きました。

He went to France （　　　　　）（　　　　　） French.
　　　　　　　　　　　　　　　　　　　　　　　　フランス語

(4) ジェーンはボブよりも上手にピアノをひくことができます。 〔栃木県一改〕

Jane can play the piano （　　　　）（　　　　　） Bob.

(5) 全ての歌手の中でだれがいちばん人気がありますか。 〔秋田県一改〕

Who is the （　　　　　）（　　　　　）（　　　　　） all the singers?

2 次の英文を日本語にしましょう。（8点×3＝24点）

(1) Ken's bike is as old as Mike's.

（　　　　　　　　　　　　　　　　　　　　　　　　　　）

(2) He finished doing his homework.

（　　　　　　　　　　　　　　　　　　　　　　　　　　）

(3) To read books is interesting.

（　　　　　　　　　　　　　　　　　　　　　　　　　　）

得点UP アドバイス

◎ enjoy, finish のあとに続く動詞は動名詞にしよう。
◎ 不定詞の形容詞的用法は，名詞を修飾して「〜するための，〜すべき」という意味を表すよ。
◎ well と good の比較級・最上級や，more, most をつける単語に気をつけて！

3 [   ]の中の語句を並べかえて，正しい英文を作りましょう。(9点×3＝27点)

(1) 水は地球でいちばん重要なものです。　〔神奈川県一改〕

Water [important / is / most / the] thing on the earth.

Water ＿＿＿＿＿＿＿＿＿＿＿＿＿＿＿＿ thing on the earth.

(2) 京都には見る場所がたくさんあります。

[to / places / has / Kyoto / a lot of / see].

＿＿＿＿＿＿＿＿＿＿＿＿＿＿＿＿＿＿ .

(3) 私は写真をとるのが好きです。

[like / I / pictures / to / take].

＿＿＿＿＿＿＿＿＿＿＿＿＿＿＿＿＿＿ .

4 次のイラストを見て，英文を完成させましょう。(9点)

いちばん！

Tom can run ＿＿＿＿＿＿＿＿＿＿＿＿＿＿ the three.

答え合わせが終わったら，音声を聞きましょう。

これで レベルアップ

比較級，最上級は er, est をつけるものだけ？

interesting や expensive のような比較的長い単語のように，more, most を単語の前に置くものがあるよ。

接続詞 when, if, because

まず ココ！ 接続詞 when, if, because

➡ 接続詞は文と文をつなぐ役割をします。

➡ when は「～する［した］とき（に）」，if「もし～なら」，because「～だから」という意味があります。

つぎ ココ！ 接続詞を使った文

> when　時を表す
>
> **Kenta loved baseball when he was a child.**
> （子どもだったとき，ケンタは野球が大好きでした）
>
> if　条件を表す
>
> **You should sit down if you are tired.**
> （もしあなたが疲れているなら，座るべきです）
>
> because　理由・原因を表す
>
> **I stayed home because I was sick.**
> （私は病気だったので，家にいました）

子どもの頃、野球が大好きだったんです

え～～っ、意外

まとめよう

接続詞は，文と文をつなぐ役割をします。接続詞には「～する［した］とき（に）」という意味の ① ［　　　　］，「もし～なら」という意味の ② ［　　　　］，「～だから」という意味の ③ ［　　　　］ などがあります。

さらに ココ！ 接続詞の位置

➡ when, if, because に続く部分が文の前半にくるとき，2つの文のつなぎ目に「,（コンマ）」をつけます。前半にきても訳は同じで，接続詞がある文から先に訳します。

When he was a child, Kenta loved baseball.
　　　　　　　　　　コンマ

If you are tired, you should sit down.
　　　　　　　コンマ

Because I was sick, I stayed home.
　　　　　　　　コンマ

条件を先に示すことが多いのでif は先にくることが多いよ。

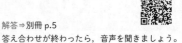

基本問題

解答⇒別冊 p.5
答え合わせが終わったら，音声を聞きましょう。

中1・2の復習

第1章
第2章
第3章
第4章
第5章
第6章

1 次の（　）の中に英語を入れましょう。

(1) 彼女は忙しいので，パーティーに行くことができません。

She cannot go to the party （　　　　　　　） she is busy.

(2) 彼が子どもだったとき，彼は私と遊びました。

（　　　　　　　） he was a child, he played with me.
遊ぶ

(3) もし明日晴れたら，公園に行きましょう。

Let's go to the park （　　　　　　　） it is sunny tomorrow.

〈… 接続詞 ～.〉と
〈接続詞 ～, ….〉の
2通りの形があるよ。

2 次の＿＿＿線部に英語を入れましょう。

(1) 彼女が京都に着いたとき，雨が降り始めました。

It began to rain ＿＿＿＿＿＿＿＿＿＿＿＿＿＿＿＿＿＿＿＿＿ in Kyoto.
～に着く：arrive in ～

(2) もしあなたがその歌を知っているなら，それを歌ってください。

＿＿＿＿＿＿＿＿＿＿＿＿＿＿＿＿＿＿＿＿＿, please sing it.

(3) 彼女は病気だったので，学校に行くことができませんでした。

＿＿＿＿＿＿＿＿＿＿＿＿＿＿＿＿＿＿＿, she couldn't go to school.
病気の：sick

左 ペ ー ジ の 答 ①when ②if ③because

29

There is[are] 〜.

まず ココ！ 「(…に)〜があります」の文

➡️ 「(…に)〜があります[います]」を表すときは **There is 〜. / There are 〜.** を使います。場所を表す場合は，**in**(…の中に)，**at**(…に)，**on**(…の上に) などのことばがよく使われます。

つぎ ココ！ 「(…に)〜があります」の文の作り方

There is | a room | in | the dollhouse.
=There's
単数（1つ）の名詞
場所を表す語句
（人形の家には（1つの）部屋があります）

There are | five rooms | in | the dollhouse.
=There're
複数（2つ以上）の名詞
場所を表す語句
（人形の家には5つの部屋があります）

まとめよう 主語は there ではなく，is / are の後ろにあります。主語が単数なら，be 動詞は ① [　　　　]，複数なら ② [　　　　　] を使います。場所を表す語句を加えるときは，文の最後に置きます。

さらに ココ！ 「(…に)〜がありますか」の文

➡️ 「(…に)〜がありますか[いますか]」とたずねるときは，**be 動詞を there の前**にもってきます。Is there 〜? には is を，Are there 〜? には are を使って答えます。

there の前
Is there a dog on the ball? （ボールの上にイヌがいますか）
場所を表す語句

—Yes, there is. （はい，います）
　No, there is not[isn't]. （いいえ，いません）

中1・2の復習

第1章
第2章
第3章
第4章
第5章
第6章

基本問題

解答⇒別冊 p.6
答え合わせが終わったら，音声を聞きましょう。

1 次の（　）の中に英語を入れましょう。

(1) テーブルの上に箱があります。

（　　　　）（　　　　　　　） a box on the table.

(2) いすの上にネコがいますか。— いいえ，いません。

（　　　　）（　　　　　　　） a cat on the chair?

— No, （　　　　　）（　　　　）.

(3) 部屋の中にたくさんのコンピュータがありますか。— はい，あります。

（　　　　）（　　　　　　　） many computers in the room?

— Yes, （　　　　　）（　　　　）.

(4) 教室にはたくさんの生徒がいましたか。— いいえ，1人しかいませんでした。

（　　　　）（　　　　　　　） many students in the classroom?

— No, （　　　　　）（　　　　　） only one student.

> There is[are] 〜. の文では，
> be 動詞の後ろが単数なら is,
> 複数なら are を使うよ。

2 次の日本文を英語にしましょう。

(1) 私のカバンの中に本が3冊あります。

_____

(2) その机の下にイヌが1匹います。

_____

(3) 私の家の近くにはお店が1軒ありました。

_____

左ページの答 ①is ②are

31

SVOO / SVOC

まず ココ！ ▶ SVOO の文と SVOC の文

→ S は主語，V は動詞，O は目的語（名詞），C は補語（名詞または形容詞）のことです。

→ SVOO の文は〈主語＋動詞 [show/give/buy/teach など]＋人＋もの〉という形になります。「（人）に（もの）を…する」という意味です。

→ SVOC の文は〈主語＋動詞 [call/make など]＋人・もの＋補語〉という形になります。「（人・もの）を…する」という意味です。

つぎ ココ！ ▶ SVOO の文と SVOC の文の作り方

SVOO の文

My father gave me a book. （私の父は私に本をくれました）
主語　　　　動詞　目的語　目的語
　　　　　　　　　（人）　（もの）

> My father gave a book to me. と書きかえることができるよ。

SVOC の文

I call my dog Mame. （私は私のイヌをマメと呼びます）
主語　動詞　目的語　　補語
　　　　　（名詞）　（名詞）

まとめよう SVOO の文と SVOC の文は語順に注意しましょう。目的語の（人）が代名詞の場合は□□□□□（me, us, him, her, them）を使います。

さらに ココ！ ▶ SVOO の文と SVOC の文によく使われる動詞

→ show, give, buy, teach, call, make などがよく使われます。

I want to show you these books. （私はあなたにこれらの本を見せたいです）

My father bought me a watch. （父は私に腕時計を買ってくれました）

This picture made her happy. （この写真は彼女を幸せにしました）

中 1・2 の復習

第1章
第2章
第3章
第4章
第5章
第6章

基本問題

解答⇒別冊 p.6
答え合わせが終わったら，音声を聞きましょう。

1 [　　]の中の語句を並べかえて，正しい英文を作りましょう。

(1) 私は毎朝ネコに食べ物を与えます。

[my cat / food / I / some / give] every morning.

＿＿＿＿＿＿＿＿＿＿＿＿＿＿＿＿＿＿＿＿＿＿ every morning.

(2) 私たちはこれをお好み焼きと呼びます。

[call / *okonomiyaki* / this / we].

＿＿＿＿＿＿＿＿＿＿＿＿＿＿＿＿＿＿＿＿＿＿ .

(3) サキは私たちにたくさんの写真を見せてくれました。

[many / showed / Saki / us / pictures].

＿＿＿＿＿＿＿＿＿＿＿＿＿＿＿＿＿＿＿＿＿＿ .

(4) そのイベントは彼を疲れさせました。

[tired / the / him / event / made].

＿＿＿＿＿＿＿＿＿＿＿＿＿＿＿＿＿＿＿＿＿＿ .

2 次の日本文を英語にしましょう。

(1) 彼女は彼女のイヌをモモと呼びます。

＿＿＿＿＿＿＿＿＿＿＿＿＿＿＿＿＿＿＿＿＿＿

(2) あなたは私にその本を買ってくれましたか。

＿＿＿＿＿＿＿＿＿＿＿＿＿＿＿＿＿＿＿＿＿＿

(3) そのニュースは彼らを悲しませました。

＿＿＿＿＿＿＿＿＿＿＿＿＿＿＿＿＿＿＿＿＿＿

ニュース：news

左ページの答　目的格

目標得点：70点

解答⇒別冊 p.6

／ 100

1 次の（　）の中に英語を入れましょう。(完答10点×5＝50点)

(1) この物語は私を幸せにしました。

This story （　　　　　） （　　　　　） happy.

(2) 明日雨が降ったら，私はテレビを見ます。

（　　　　　） it rains tomorrow, I will watch TV.

(3) 京都にはたくさんの古い建物があります。 〔秋田県一改〕

（　　　　　） （　　　　　） a lot of old buildings in Kyoto.

(4) 彼女は忙しかったので，友だちに会うことができませんでした。

She couldn't see her friend （　　　　　） she was busy.

(5) いすの上にカバンがありますか。―いいえ，ありません。

（　　　　　） （　　　　　） a bag on the chair?

―No, （　　　　　） （　　　　　）.

2 イラストを見て「…の近くに〜があります」という英文を near を使って作りましょう。(10点)

病院：hospital　　駅：station

_____

_____

中1·2の復習

第1章
第2章
第3章
第4章
第5章
第6章

○ 接続詞で2つの文をつなぐとき，それぞれに主語と動詞がある形にするのを忘れないで！
○ There is[are] 〜. の文では，主語は be 動詞の後ろ。現在の文では，be 動詞は主語が単数なら is，複数なら are だよ。

3 [   ]の中の語を並べかえて，正しい英文を作りましょう。(10点×2＝20点)

(1) あなたがそれを作るなら，私は手伝います。 〔埼玉県一改〕

I will [if / you / you / make / help] it.

I will _____ it.

(2) 彼が私の家に来たとき，私は宿題をしていました。

I was doing my homework [came / he / when / to] my house.

I was doing my homework _____ my house.

4 次の英文を(   )の中の指示にしたがって書きかえましょう。(10点×2＝20点)

(1) My friend bought some flowers for me. （6語でほぼ同じ意味の英文に）

_____

(2) My city has three libraries. （There is[are] 〜. の文に）

_____

答え合わせが終わったら，音声を聞きましょう。

これで レベルアップ

Let's play tennis. を付加疑問文にすると？

Let's 〜. の文を付加疑問文にするときは，〈, shall we?〉を使うよ。Let's play tennis, shall we? になるんだ。

35

1 第1章 受け身の肯定文

The computer is used (by us) every day. 受け身

まず ココ！ 受け身って何？

➡ 「～される，～された」を表すときは，受け身の文を使います。
受け身の文でだれの行為かを表すときは，by ...（…によって）をつけ加えます。

つぎ ココ！ 受け身の文の作り方

現在形　動作を受けるもの
We use the computer every day.
使う

be 動詞+過去分詞
The computer | is | used (by us) every day.
使われる

過去形　　be 動詞で現在か過去かを表すよ
The computer | was | used (by us) yesterday.
使われた

だれの行為か表す必要がない，または
分からないときは by ... を省略できるよ

> まとめよう
>
> 受け身の文は〈主語＋① [　　　　] ＋② [　　　　]〉で表します。
>
> ③ [　　　　] で，現在と過去の区別をします。受け身の文でだれの行為なのか
>
> を表すときは，④ [　　　　] ... をつけ加えます。

さらに ココ！ 過去分詞の形

➡ 過去分詞は ed で終わるもの（規則動詞）と，終わらないもの（不規則動詞）が
あります。

	原形	過去形	過去分詞
規則動詞	wash(洗う)	washed	washed
	play(する，演奏する)	played	played
不規則動詞	see(見る，会う)	saw	seen
	buy(買う)	bought	bought
	write(書く)	wrote	written

中 1･2 の復習

第 1 章

第 2 章

第 3 章

第 4 章

第 5 章

第 6 章

基 本 問 題

解答⇒別冊 p.7
答え合わせが終わったら，音声を聞きましょう。

1 〔　　〕の中の単語を参考にして，次の（　　）の中に英語を入れましょう。

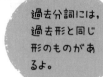

過去分詞には，過去形と同じ形のものがあるよ。

(1) この本は日本で愛されています。〔love〕

This book is (　　　　　　　　) in Japan.

(2) この車はジャックによって使われます。〔use〕

This car is (　　　　　　) by Jack.

(3) ここでは英語が話されます。〔speak〕

English is (　　　　　) here.
　　　　　└▶ ～を話す：speak-spoke-spoken

(4) このメールは昨日トムによって書かれました。〔write〕

This e-mail was (　　　　　　) by Tom yesterday.

2 次の英文を受け身の文に書きかえましょう。

(1) My mother made the cake.

_____

(2) Someone wrote the book ten years ago.

_____

(3) People speak English in Australia.

_____

もう一歩

by を使わない受け身の文

by のほかに，with，to，in などを使って表す受け身の文もあるよ。

The house is covered with snow. （家は雪でおおわれています）
Einstein is known to all the world.
　　　　　　　（アインシュタインは世界中に知られています）

He is interested in sports. （彼はスポーツに興味があります）

左 ペ ー ジ の 答　①be 動詞　②過去分詞　③be 動詞　④by

37

2 受け身の疑問文と否定文

Is the turtle saved 〜? / The turtle is not saved 〜. 受け身

まず ココ！ 受け身の疑問文と否定文

➡ 「〜されますか」とたずねるときは，be 動詞を主語の前にもってきます。

➡ 「〜されません」と否定するときは，be 動詞のあとに not を置きます。

つぎ ココ！ 受け身の疑問文の作り方

The turtle **is** saved **by** Urashima.

be 動詞を文のいちばん最初に
持ってくるよ

疑問文 **Is the turtle** saved **by** Urashima?

（そのカメは浦島によって救われますか）

答えは Yes または No で答えるよ

— **Yes,** it is.
　 No, it isn't[it's not].

まとめ
よう
受け身の疑問文は「①[＿＿＿＿＿＿＿＿＿]」という意味で，〈②[＿＿＿＿＿＿＿]＋

主語＋③[＿＿＿＿＿]〜？〉で表されます。

さらに ココ！ 受け身の否定文の作り方

➡ 受け身の否定文は be 動詞のあとに not を置いて作ります。isn't, aren't, wasn't, weren't の短縮形も使えます。

否定文　be 動詞のあとに not を置くよ

The turtle is not[isn't] saved by Urashima.

（そのカメは浦島によって救われません）

38

中1・2の復習

第1章

第2章

第3章

第4章

第5章

第6章

基本問題

解答⇒別冊 p.7
答え合わせが終わったら，音声を聞きましょう。

1 次の（　　）の中に英語を入れましょう。

(1) あなたの車は彼によって洗われましたか。― いいえ，洗われませんでした。

（　　　　　　　） your car （　　　　　　　） by him?

― No, it （　　　　　　　）.

(2) この部屋は昨日そうじされませんでした。

This room （　　　　　　　）（　　　　　　　）（　　　　　　　） yesterday.

(3) ここでは英語は話されません。

English （　　　　　　　）（　　　　　　　） here.

> 疑問文では be 動詞を主語の前に持ってきて，否定文では be 動詞のあとに not を置くよ。

2 次の英文を日本語にしましょう。

(1) Was this book written by Yuki?

（　　　　　　　　　　　　　　　　　　　　　　　　　　　　　）

(2) Those computers aren't used now.

（　　　　　　　　　　　　　　　　　　　　　　　　　　　　　）

 **もう一歩**

町でよく見かける受け身の語句

made in Japan　（日本で作られた→日本製）

closed　（閉店された→閉店）

sold out　（売りつくされた→売り切れ）

これらの語句の主語には製品やお店，商品などがくるよ。主語を補ってみると，なぜ受け身になっているのかが分かるよ。

3 〜に…させる / 〜が…するのを助ける

My mother let me go abroad. (原形不定詞/SVO that 節)

まず ココ！ 〉 「〜に…させる」,「〜が…するのを助ける」の文

➡ 「(人など)に…させる(許可)／が…するのを助ける／に…させる(強制)」は
〈let/help/make ＋ (人など) ＋ 動詞の原形〉の形で表します。

つぎ ココ！ 〉 「〜に…させる」,「〜が…するのを助ける」の文の作り方

動詞の前にくる代名詞は目的格にするよ

My mother let me go abroad.
　　　　　〜させる 私に 行く

(母は私を外国へ行かせてくれました)　let は過去形も let だよ

She helped me carry many things.

(彼女(母)は私がたくさんの物を運ぶのを手伝ってくれました)

She made me pack my suitcase by myself.

(彼女(母)は私一人にスーツケースをつめさせました)

**まとめ
よう** 「(人など)に…させる(許可)／が…するのを助ける／に…させる(強制)」は,

〈let/help/make ＋ (人など)〉の後に動詞の 　　　　　　 の形で表します。

さらに ココ！ 〉 SVO＋人＋that 「(人)に〜ということを…する」の文

➡ 「(人)に〜ということを見せる・示す」は,〈show ＋ 人 ＋ that 節〉の形で表します。

➡ 「(人)に〜ということを話す・教える」は,〈tell ＋ 人 ＋ that 節〉の形で表します。

My host mother told me that I should speak English more.
　　　　　　　　　　 話した 私に 〜ということ　　　　私はもっと英語を話すべきだ

(私のホストマザーは, 私がもっと英語を話すべきだということを私に話しました)

基 本 問 題

1 次の（　　）の中に英語を入れましょう。

(1) 私の友だちは彼にその本は興味深かったと言いました。

My friend （　　　　　　）（　　　　　　　　） that the book was interesting.

(2) 私は彼らが教室をそうじするのを手伝いました。

I （　　　　　　）（　　　　　　　　　） clean their classroom.

(3) この写真は私たちが体育祭を楽しんだことを示しています。

This picture （　　　　　　） us （　　　　　　　　） we enjoyed the sports festival.
体育祭

(4) 今日は私に夕食を作らせて下さい。

Please （　　　　　　） me （　　　　　　　） dinner today.

2 ［　　　］の中の語句を並べかえて，正しい英文を作りましょう。

(1) その歌は私たちを悲しく感じさせました。

［ made / sad / feel / the song / us ］.

_____ .

(2) 実は私の友だちが宿題を終わらせるのを手伝ってくれました。

Actually ［ finish / helped / my homework / me / my friend ］. 〔富山県一改〕

Actually _____ .

(3) 彼は私にピアノを毎日練習すべきだと言います。

［ practice / he / that / me / I / tells / the piano / should ］ every day.

_____ every day.

1 次の（　　）の中に英語を入れましょう。（完答6点×5＝30点）

(1) 多くの言語がインドで話されています。　　　　　　　　　　〔栃木県一改〕

Many languages （　　　　　）（　　　　　　　　） in India.

(2) その映画は去年，キタヤマ氏によって作られました。　　　　〔神奈川県一改〕

The movie （　　　　　）（　　　　　　　） by Mr. Kitayama last year.

(3) あなたの車は彼によって洗われますか。— いいえ，洗われません。

（　　　　　　） your car （　　　　　　） by him?

— No, it （　　　　　　）.

(4) ヒロキは何に興味がありますか。　　　　　　　　　　　　　〔神奈川県一改〕

What （　　　　　　） Hiroki （　　　　　） （　　　　　）?

(5) 先生は私たちに明日お弁当を持ってくる必要があると言いました。

Our teacher （　　　　　）（　　　　　　） that we needed to bring a lunch box tomorrow.

2 次の2つの英文がほぼ同じ意味になるように，（　　）の中に英語を入れましょう。（完答8点×3＝24点）

(1) Jack wrote this letter.

This letter （　　　　　）（　　　　　　） by Jack.

(2) Do people speak Japanese in Japan?

（　　　　　　） Japanese （　　　　　） in Japan?

(3) My brother didn't read this book.

This book （　　　　　）（　　　　　　） by my brother.

中1·2の復習

第1章

第2章

第3章

第4章

第5章

第6章

得点UP
アドバイス

◎ 動詞を過去分詞にする場合,「不規則動詞」に注意しよう!
◎「～されました」は,〈be動詞＋過去分詞〉の be動詞を was または were に変えるよ。
◎ だれの行為かはっきりしないとき,「…によって」という意味の by ... が省略されることがあるよ。

3 次の英文を日本語にしましょう。(9点×4＝36点)

(1) Tom doesn't use this new computer.

( )

(2) This new computer isn't used by Tom.

( )

(3) My mother made me practice the piano for two hours.

( )

(4) The piano practice made me tired.

( )

piano practice : ピアノの練習

4 次のイラストを見て,英文を完成させましょう。(10点)

The bag _____.

答え合わせが終わったら,音声を聞きましょう。

これで レベルアップ

「カナダでは何語が話されていますか」を英語で言うと?

「何語」は what language で表すことができるね。
疑問詞を使った疑問文で,主語が what language の場合,
be動詞は文の最初には来ないよ。
(×) Is what language spoken in Canada?
(○) What language is spoken in Canada?

4 ずっと〜している ①

第2章

I have known Mike for three years. 現在完了「継続」

まず ココ！ 現在完了「継続」って何？

➡️ 現在完了は，〈have[has] + 過去分詞〉の形で表されます。

➡️ 「ずっと〜している」と，過去から現在までの状態の継続を表すとき，現在完了の文を使います。

つぎ ココ！ 現在完了「継続」の文の作り方

過去

I knew Mike three years ago.
私は 知っていた　マイクを　　　　　3年前

┌─────────────────────┐
│ 過去〜今＝現在完了 │
└─────────────────────┘
　have + 過去分詞　　　　　　…の間

I have known Mike for three years.
ずっとマイクを知っている　　　　　　3年間

※ I have は I've と短縮できるよ

現在

I know Mike.
私は　知っている　マイクを

> マイクとは知り合って3年になるよ

「ずっと〜している」と過去から現在までの状態の ①[　　　　　] を表すときは，

〈 ②[　　　　　] + ③[　　　　　] 〉の形を使います。

さらに ココ！ 「…以来」「…の間」

➡️ いつから始まったのかを表したいときは，〈since + 過去の時点〉で表します。

「…の間」と期間の長さを表したいときは，〈for + 期間〉で表します。

〈since + 過去の時点〉「…以来，…してから」

I have wanted the game since last year.
　　　　　　　　　　　　　　…以来　過去の時点

〈for + 期間〉「…の間」

I have been in Japan for five years.
　　　　　　　　　　　…間　　期間

基本問題

解答⇒別冊 p.8
答え合わせが終わったら，音声を聞きましょう。

中1・2の復習
第1章
第2章
第3章
第4章
第5章
第6章

1 次の（　）の中に英語を入れましょう。

(1) 私は3年間ずっと東京に住んでいます。

I（　　　　　）（　　　　　　　　）in Tokyo（　　　　　　）three years.

(2) ボブは去年から（ずっと）イヌを飼っています。

Bob（　　　　　）（　　　　　　　　）a dog since last year.

(3) 私は子どものときからずっとサッカー
が好きです。

（　　　　　）（　　　　　　　　）soccer

since I was a child.

（　　　）の数によっては
短縮形を使おう。

2 次の英文を日本語にしましょう。

(1) She has been busy since then.

（　　　　　　　　　　　　　　　　　　　　　　　　　　　　　　　　）

(2) We have known each other for ten years.

（　　　　　　　　　　　　　　　　　　　　　　　　　　　　　　　　）

(3) My mother has lived in Nagoya for a long time.

（　　　　　　　　　　　　　　　　　　　　　　　　　　　　　　　　）

 もう一歩

since について

since のあとに「語句」がきて「過去のあるとき以来」というときと，〈主語＋動詞〜〉の文がきて「〜して以来」という2つの表現ができるよ。

She has lived in Korea since 2010.
語句

（彼女は2010年からずっと韓国に住んでいます）

She has lived in Korea since she was ten.
主語　動詞

（彼女は10歳のときからずっと韓国に住んでいます）

左ページの答　①継続　②have[has]　③過去分詞

5 ずっと～していますか，～していません

Have you known ～? / I have not known ～. （現在完了「継続」）

まず ココ！ 状態の「継続」の疑問文と否定文

➡️ 「ずっと～していますか」とたずねるときは，have[has]を主語の前に持ってきます。

➡️ 「ずっと～していません」と否定するときは，have[has]のあとに not を置きます。

つぎ ココ！ 状態の「継続」の疑問文と否定文の作り方

疑問文　　have[has] を主語の前に持ってくるよ

Have you known Emily for a long time?
ずっと知り合いですか　　　　　　　　　　　長い間

— **Yes, I have. /**

　No, I have not[haven't].

I met her for the first time last weekend.

否定文　　have[has] のあとに not を置くよ

I have not[haven't] known Emily for a long time.
ずっと知っているわけではありません

長い間知り合いなの？

最近知り合ったんだ

 まとめよう　have not は 〔　　　　　　〕 と，has not は hasn't と短縮することができます。

さらに ココ！ How long have[has]＋主語＋過去分詞 ～?

➡️ 「どのくらい（長く）～していますか」と期間をたずねるときは，How long を現在完了の疑問文のいちばん最初に置きます。

How long have you known Emily?
どのくらい長く

— **For ten years. / Since I was five. / Since 2001.**

※答えの文には，前に I have known Emily が省略されているんだよ
(I have known Emily) For ten years.

 基本問題

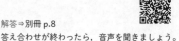

解答⇒別冊 p.8
答え合わせが終わったら，音声を聞きましょう。

1 次の英文を疑問文に書きかえましょう。

(1) She has lived in Japan for three years.

_____

(2) They have wanted a dog since they were children.

_____

2 次の英文を否定文に書きかえましょう。

(1) I have liked the singer since 2018.

_____

(2) I have been in Tokyo for two weeks.

_____

3 次の(　　)の中に英語を入れましょう。

(1) あなたは2時間ずっとここにいますか。— いいえ，いません。
(　　　　　) you (　　　　　) here for two hours?
— No, I (　　　　　).

(2) あなたはどのくらい長くここにいますか。— 30分間います。
(　　　　) (　　　　　) have you (　　　　　) here?
— (　　　　　) thirty minutes.

 もう一歩

継続で使われる been の意味は？

　been は be 動詞(am / are / is / was / were)の過去分詞なんだよ。継続で使われる been には「ある過去から現在までずっといる[ある]」という意味を表すよ。
I have been home for two days. （私は2日間ずっと家にいます）

左 ペ ー ジ の 答　haven't

6 ずっと〜している ②

I have been reading this book for three hours. 現在完了進行形の文

まず ココ！ 現在完了進行形の文

→ 現在完了進行形は，〈have[has] been＋動詞の〜ing 形〉の形で表されます。

→ 「ずっと〜している」と，過去のある時点から現在まで継続している動作や行為を表すとき，現在完了進行形の文を使います。

つぎ ココ！ 現在完了進行形の文の作り方

I started reading this book three hours ago. → I am still reading this book now.
　　3 時間前にこの本を読み始めた　　　　　　　　　　　　　　　　今もこの本を読んでいる

I have been reading this book for three hours.
　　have[has]　been　動詞の〜ing 形　　　　　　　（私は 3 時間ずっとこの本を読んでいます）

まとめ
よう

現在完了進行形は，〈have[has] ①[　　　　　] ＋ ②[　　　　　　　　　　]〉の形で表します。動作や行為がずっと続いているときに使います。

さらに ココ！ 現在完了進行形の疑問文と否定文

→ 「ずっと〜していますか」という疑問文は，have[has] を主語の前に持ってきます。

→ 「ずっと〜していません」という否定文は，have[has] のあとに not を置きます。

疑問文

Has it been raining since yesterday?
（昨日からずっと雨が降っていますか）

Yes, it has. / No, it has not[hasn't].
（はい，降っています／いいえ，降っていません）

否定文

It has not been raining for two hours.
（2 時間ずっと雨が降っていません）

基 本 問 題 解答⇒別冊 p.8
答え合わせが終わったら，音声を聞きましょう。

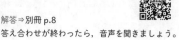

1 次の英文を（　　）の中の指示にしたがって書きかえましょう。

(1) The students are learning English.

（for five years を加えて現在完了進行形の文に）

_____

(2) The baby has been sleeping since this morning. （疑問文に）

_____

(3) My sisters have been waiting for me for ten minutes. （否定文に）

_____

_____

(4) He has been watching TV <u>for two hours</u>. （下線部が答えの中心になる

疑問文に）

_____

2 [　　]の中の語句を並べかえて，正しい英文を作りましょう。

(1) 私たちは最近話していません。

[not / we / talking / have / been] these days.

_____ these days.

(2) 昨夜からずっと雪が降っています。

[has / since / snowing / it / last night / been].

_____ .

(3) あなたは1時間ずっとインターネットを使っているのですか。

[using / have / an hour / been / the internet / you / for]?

_____ ?

左 ペ ー ジ の 答 ① been　　②動詞の～ing形

49

7 ～したことがある

I have visited India once. 現在完了「経験」

まず ココ！ 現在完了「経験」って何？

➡️ 現在完了「経験」とは，これまでに経験したことを表す文の形です。

➡️ 「～したことがある」と，これまでに経験したことを表すときは，現在完了の文を使います。

つぎ ココ！ 現在完了「経験」の文の作り方

過去

去年

過去にインドを訪れたという事実を表す文

I visited India last year.
　訪れた　　　　　　　　去年

過去の時点

現在完了「経験」 今までに経験があるという文

I have visited India once.
　訪れたことがある　　　　一度

「経験」の文でよく使われる語句
before「以前に」, twice「2 度」,
～times「～回」

現在

まとめ
よう　現在完了「経験」の文では，＿＿＿＿＿「以前に」，～times「～回」などがよく使われます。

さらに ココ！ 「～に行ったことがある」

➡️ 「～に行ったことがある」と言うときは，have[has] been to ～ の形を使います。

be 動詞の過去分詞

○ **Kentaro has been to China twice.**
　～に行ったことがある　　　　　2度

go の過去分詞

× **Kentaro has ~~gone~~ to China twice.**

have[has] gone
to ～ は「～に行ってしまった」という意味だから，この文とは合わないね。

解答⇒別冊 p.9
答え合わせが終わったら，音声を聞きましょう。

中1・2の復習

第1章

第2章

第3章

第4章

第5章

第6章

1 次の（　）の中に英語を入れましょう。

「〜に行ったことがある」は have been to 〜 で表せるよ。

(1) 私は以前に京都に行ったことがあります。

　　I have（　　　　　　）to Kyoto
　　（　　　　　　）.

(2) 彼は2度，その男性に会ったことがあります。

　　He has（　　　　　　）the man（　　　　　　）.

(3) ジェーンは3回すしを食べたことがあります。

　　Jane has（　　　　　　）sushi three（　　　　　　）.

(4) 私の姉は一度，彼と話したことがあります。

　　My sister has（　　　　　　）with him（　　　　　　）.

2 次の英文を日本語にしましょう。

(1) She has visited the city twice.

　　（　　　　　　　　　　　　　　　　　　　　　　　　　　　）

(2) I have been to Canada before.

　　（　　　　　　　　　　　　　　　　　　　　　　　　　　　）

もう一歩

過去を表す語句は使えない

　yesterday や last 〜，〜 ago など過去を表す語句は，現在完了の文では使えないんだよ。でも，since を使って〈since＋過去を表す語句〉とすると，「〜以来ずっと」の意味で「継続」の文で使えるんだ。ただし，since 〜 ago とはできないので，注意してね。

左ページの答　before

51

8 〜したことがありません，ありますか

I have never eaten 〜. / Have you ever eaten 〜?　現在完了「経験」

まず ココ！ 「経験」の否定文と疑問文

➡ 「〜したことがありません」と否定するときは，never がよく使われます。

➡ 「〜したことがありますか」とたずねるときは，ever がよく使われます。

つぎ ココ！ 「経験」の否定文と疑問文の作り方

I have ────── eaten this snack.
　　　　食べたことがある

否定文　I have │never│ eaten this snack.
　　　　　　　　一度も〜ない

主語の前に have を持ってくる

過去分詞の前に置く

疑問文　Have you │ever│ eaten this snack?
　　　　　　　　今までに

― Yes, I have. / No, I have not[haven't].
　（はい，あります）　　（いいえ，ありません）

まとめ
よう　現在完了「経験」の否定文では，not のかわりに ①[　　　　　] をよく使います。

疑問文では「今までに」という意味の ②[　　　　　] がよく使われます。

さらに ココ！ How many times 〜?

➡ 「何回〜したことがありますか」と経験した回数をたずねるときは，How many times を現在完了の疑問文のいちばん最初に置きます。

How many times have you visited there?
　　　　何回　　　　　　　　　　　　　（あなたはそこを何回訪れたことがありますか）

― **I've visited there twice.**　（私は2度，そこを訪れたことがあります）
　　　　　　　　2度

基本問題

解答⇒別冊 p.9
答え合わせが終わったら，音声を聞きましょう。

1 次の（　）の中に英語を入れましょう。

(1) あなたは今までにこの映画を見たことがありますか。

（　　　　　） you （　　　　　　） watched this movie?

(2) 私はこの映画を一度も見たことがありません。

I have （　　　　　　） watched this movie.

(3) あなたの弟は今までに京都に行ったことがありますか。— はい，あります。

（　　　　　） your brother （　　　　　） （　　　　　） to Kyoto?

— Yes, he （　　　　　）.

(4) 私は一度もこの本を読んだことがありません。

I have （　　　　） （　　　　　　） this book.

ever は疑問文で，
never は否定文でよく使うよ。

2 [　] の中の語を並べかえて，正しい英文を作りましょう。

(1) 彼女は一度もその都市を訪れたことがありません。

[the / she / has / visited / city / never].

_____.

(2) あなたは今までにフランス語を勉強したことがありますか。

[French / you / studied / have / ever]?

_____?

左ページの答 ① never ② ever

9 〜してしまった，〜したところだ

I have already cooked dinner. 現在完了「完了」

まず ココ！ 現在完了「完了」って何？

➡️ 「〜してしまった」と，過去に始まったある動作が現在の時点で終わったことを表すときは，現在完了の文を使います。

つぎ ココ！ 現在完了「完了」の文の作り方

過去

I cooked dinner.
夕食を作った

過去のある「とき」の動作や状態を表す

現在完了「完了」 「〜してしまった」

すでに
I have already cooked dinner.
夕食を作ってしまった

現在 過去に始まった動作が終わったことを表す

すごーい!!

まとめよう 過去に始まった動作が現在の時点で終わったことを，〈have[has]＋過去分詞〉の形で表します。 ［　　　　　　　］（すでに，もう）がよく使われます。

さらに ココ！ just(ちょうど)を使った現在完了の文

➡️ 「ちょうど〜したところだ」と，ある過去からつい先ほどし終わったことを表すときは just(ちょうど)を使います。

She cleaned the room.
彼女は部屋をそうじした→現在は「ちらかっているかもしれない」
つまり，過去の文は現在のこととは関連がない→過去の事実

ちょうど
She has just cleaned the room.
彼女はちょうど[たった今]部屋をそうじしたところだ
→つい先ほどそうじし終えた

すでに
She has already cleaned the room.
彼女はすでに[もう]部屋をそうじしてしまった→その結果今はきれいだ

基本問題

解答⇒別冊 p.9
答え合わせが終わったら，音声を聞きましょう。

1 次の（　　）の中に英語を入れましょう。

「ちょうど」は just，「すでに」は already だよ。

(1) 私はちょうど帰宅したところです。

I have (　　　　) come home.

(2) 彼女はすでに宿題をしてしまいました。

She (　　　) (　　　　) done her homework.

(3) 私の先生はちょうど駅に着いたところです。

My teacher (　　　) (　　　　) (　　　　　) at the station.
~に着く：arrive at ~

2 [　　]の中の語句を並べかえて，正しい英文を作りましょう。

(1) 彼女はすでに部屋をそうじしてしまいました。

[she / already / the room / cleaned / has].

_____ .

(2) 彼はちょうど夕食を作ったところです。

[cooked / has / just / dinner / he].

_____ .

 もう一歩

過去形と現在完了「完了」ってどう使い分けるの？

「今の状態」とは関係がないときは過去形を使うよ。

I ate a hamburger yesterday. →「昨日食べた」という事実だけ

I have already eaten a hamburger.

→ハンバーガーを食べておなかがいっぱいになり，今もおなかがいっぱいで
あることを表すときは，現在完了の文を使う

左ページの答 already

55

まだ～していません, もう～しましたか

The concert has not ~ yet. / Has the concert ~ yet? 　現在完了「完了」

まず ココ！ > 「完了」の否定文と疑問文

→ 「まだ～していません」と否定するときは，〈主語＋have[has] not＋過去分詞 ～ yet.〉の形になります。

→ 「もう～しましたか」とたずねるときは，〈Have[Has]＋主語＋過去分詞 ～ yet?〉の形になります。

つぎ ココ！ > 「完了」の否定文と疑問文の作り方

ふつうの文では already を使う

ふつうの文　The concert has already started.

すでに　　　　　　　文末に置く

否定文　まだ～していません　　短縮形 hasn't

The concert has not started yet.

もう～してしまいましたか　　　　　　まだ

疑問文　Has the concert started yet?

主語の前に has を持ってくる　　　　　　もう

— Yes, it has. / No, it has not[hasn't].

（はい，始まってしまいました）（いいえ，始まっていません）

まとめよう　「完了」の否定文と疑問文では，yet がよく使われます。否定文で

「①〔　　　　　　　〕」，疑問文で「②〔　　　　　　　　〕」という意味になり，文末に置

かれます。

さらに ココ！ > No, not yet.

→ 「完了」の疑問文には，No, not yet. と答えることもあります。

Have you finished your homework yet?

（あなたはもう宿題を終えましたか）

— **No, not yet.** （いいえ，まだです）

not yet は，I have not finished my homework yet. を省略したものだよ。

中 1·2 の復習

第 1 章

第 2 章

第 3 章

第 4 章

第 5 章

第 6 章

基本問題

解答⇒別冊 p.9
答え合わせが終わったら，音声を聞きましょう。

1 次の（　　）の中に英語を入れましょう。

(1) 彼はまだ自分の皿を洗っていません。

He has （　　　　　　　） washed his dishes （　　　　　）.

(2) あなたはもう宿題を終えましたか。―はい，終えました。

Have you （　　　　　　） your homework （　　　　　　）?

―Yes, I （　　　　　　）.

(3) 私はまだ朝食を作っていません。

I （　　　　　　　） cooked breakfast （　　　　　　　）.

「まだ」，「もう」は yet を使うよ。

2 ［　　］の中の語句を並べかえて，正しい英文を作りましょう。

(1) 彼女はまだ部屋をそうじしていません。

［ the room / hasn't / yet / she / cleaned ］.

_____.

(2) あなたはもう駅に着きましたか。

［ yet / you / have / the station / arrived / at ］?

_____?

左ページの答 ①まだ ②もう

11 現在完了の3用法のまとめ

まず ココ！ 現在完了の3用法

➡ 現在完了は〈have[has]＋過去分詞〉で表され，3つの用法があります。

継続…動作や状態が過去から現在まで続いていること。for，since などが使われる。

経験…現在までに経験したこと。回数を表す語句や ever，never などが使われる。

完了…動作や行為が終わったこと。already，just，yet などが使われる。

つぎ ココ！ 現在完了の3用法の文

継続 I have tried this puzzle for three weeks.
　　　　挑戦している　　　　　　…の間　　3週間

　　　　　　　　一度も〜ない
経験 My friend has never finished it before.
　　　　　　　　　　終えたことがない　　　　以前に

　　　　ちょうど
完了 I have just finished it.
　　　　ちょうど終えたところだ

さらに ココ！ 現在完了の疑問文と否定文

　　　　　文頭に置くよ
継続 How long have you played the piano?
　　　　　　　　　　　　　　（あなたはどのくらい長くピアノをひいていますか）

　　 —I have played it for ten years. （私は10年間ひいています）

　　　　　主語の前にもってくるよ
経験 Has your sister ever been to London?
　　　　　　　　　　　（あなたのお姉さんは今までにロンドンに行ったことがありますか）

　　 —Yes, she has. （はい，あります）
　　　　　　　have のあとに not を置くよ
完了 I have not[haven't] taken a bath yet.
　　　　　　　　　　　　　　（私はまだお風呂に入っていません）

基本問題

解答⇒別冊 p.10
答え合わせが終わったら，音声を聞きましょう。

1 次の（　　）の中に英語を入れましょう。

(1) 私は5年間ずっと北海道に住んでいます。

I （　　　　　）（　　　　　　　）in Hokkaido （　　　　　　　）five years.

(2) 彼は2度，その映画を見たことがあります。

He （　　　　　　）seen the movie （　　　　　　　）.

(3) あなたはもう仕事を終えましたか。

Have you （　　　　　　　）the work
（　　　　　　）?

現在完了の3つの
用法を覚えてね。

(4) あなたはどのくらい長くここにいますか。

（　　　　　）（　　　　　　　）have you （　　　　　　）here?

いる，ある：am, are, is—was, were—been

(5) 彼女はすでにその本を買いました。

She has （　　　　　　）（　　　　　　　）the book.

2 次の英文を日本語にしましょう。

(1) My friend has never visited Kyoto.

（　　　　　　　　　　　　　　　　　　　　　　　　　　　　　　）

(2) I've just arrived at the park.

（　　　　　　　　　　　　　　　　　　　　　　　　　　　　　　）

もう一歩

現在完了「継続」と現在完了進行形で使われる動詞

　現在完了「継続」は状態の継続，現在完了進行形は動作や行為の継続を表すんだったね。現在完了「継続」では状態動詞，現在完了進行形では動作動詞を使うよ。have や think のように，どちらともとれる動詞もあるよ。

状態動詞

know, have, like, think, live など
知っている　持っている　好きだ　思う　住んでいる

動作動詞

study, have, read, think など
勉強する　食べる　読む　考える

1 次の（　）の中に英語を入れましょう。（完答7点×6＝42点）

(1) 私は2度，その本を読んだことがあります。

I （　　　　　） （　　　　　　　　） the book （　　　　　）.

(2) 私は一度もその歌を聞いたことがありません。　　　　　　　　　　〔山梨県一改〕

I （　　　　　） （　　　　　　　） （　　　　　　　） to the song.

(3) あなたは以前，神戸を訪れたことがありますか。　　　　　　　　　〔兵庫県一改〕

（　　　　　　　） you ever （　　　　　　） Kobe （　　　　　）?

(4) あなたはどのくらい長く日本で勉強していますか。― 3年間です。

（　　　　　） （　　　　　） have you （　　　　） （　　　　　　）
in Japan?

― （　　　　　　） three years.

(5) 彼はまだ自分の皿を洗っていません。

He has （　　　　　） washed his dishes （　　　　　）.

(6) 彼女はもう家を出ましたか。

（　　　　　） she （　　　　　） home （　　　　　）?

2 次の英文を日本語にしましょう。（8点×3＝24点）

(1) She has already done her homework.

（　　　　　　　　　　　　　　　　　　　　　　　　　　　　　　　）

(2) I've just arrived at the park.

（　　　　　　　　　　　　　　　　　　　　　　　　　　　　　　　）

(3) I have been waiting for Tom for thirty minutes.

（　　　　　　　　　　　　　　　　　　　　　　　　　　　　　　　）

中1·2の復習

第1章

第2章

第3章

第4章

第5章

第6章

◎「継続」では，for ~「~の間」や since ~「~以来」などがよく使われるよ。
◎「経験」の否定文では，not のかわりに「一度も~ない」という意味の never がよく使われるよ。
◎ yet は「完了」の否定文と疑問文で使われ，文の最後に置かれるよ。

3 [　　]の中の語句を並べかえて，正しい英文を作りましょう。（8点×3＝24点）

(1) 私は一度もニューヨークに行ったことがありません。

I [been / have / to / never] New York.

I _____ New York.

(2) あなたはもう駅に着きましたか。

[at / you / have / station / arrived / the / yet]?

_____ ?

(3) あなたは今朝から何を探しているのですか。　　　　　　　　〔愛媛県〕

[you / for / this morning / been / what / looking / have / since]?

_____ ?

4 次のイラストを見て，英文を作りましょう。（完答10点）

1998年-2000年　東京都

2000年-現在　北海道

Tomoko _____ in Hokkaido _____ .

答え合わせが終わったら，音声を聞きましょう。

これで **レベルアップ**

現在完了で使われる「もう」には2種類ある？

肯定文での「もう」は already，疑問文での「もう」は yet を使うよ。

61

12 第3章 （―にとって）～することは…だ

It is hard to eat carrots. （It is … to ～.）

まず ココ！ > It is … to ～. の文って何？

→ 英語では長い主語はあまり好まれないので、「～することは…だ」のように主語が長くなるときは it で文を始め、〈to＋動詞の原形〉（～すること）を文の後ろに置きます。

つぎ ココ！ > 〈It is … to＋動詞の原形〉の文の作り方

To eat carrots is hard.

にんじんを食べること

（にんじんを食べることはつらいです）

「それは」の意味はないよ

It is hard to eat carrots.

仮の主語　　　本当の主語

it ＝ to＋動詞の原形 ～

 まとめよう 主語の部分が長いとき、〈　　　　　　　 is … to＋動詞の原形 ～〉の形になります。

さらに ココ！ > 〈It is … for＋人＋to＋動詞の原形〉

→ 〈for＋人〉（～には［～にとって］）をつけ加えるときは、〈to＋動詞の原形〉の前に置きます。

→ for の後ろにくる代名詞は、目的格（「～に，～を」の形）になります。

英語を勉強するのはだれかを表しているよ

It is important for Kenta to study English.

（英語を勉強することはケンタには大切です）

It is important for me to study English.

目的格　　　　　　　　　　　（英語を勉強することは私には大切です）

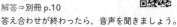
基本問題

解答⇒別冊 p.10
答え合わせが終わったら，音声を聞きましょう。

1 次の（　　）の中に英語を入れましょう。

(1) 日本語を話すことは難しいです。

（　　　　　　） is （　　　　　　）（　　　　　　　） speak Japanese.

(2) その質問に答えることは不可能です。

（　　　　　） is impossible （　　　　　） answer the question.
　　　　　　　　　不可能な

(3) 私にとって本を読むことはおもしろいです。

（　　　　　） is interesting （　　　　） me （　　　　） read books.

(4) 彼女にとって歌を歌うことは楽しいです。

（　　　　　） is fun （　　　　　）（　　　　　）（　　　　　） sing songs.

〈for ＋人〉で
「〜には[〜にとって]」
という意味を表すよ。

2 次の英文を日本語にしましょう。

(1) It is important for him to learn music.

（　　　　　　　　　　　　　　　　　　　　　　　　　　　）

(2) It is easy for us to get up early.

（　　　　　　　　　　　　　　　　　　　　　　　　　　　）

> **もう一歩**
>
> ### 〈It is ... to＋動詞の原形〉の疑問文・否定文は？
>
> 疑問文・否定文の作り方は be 動詞の文と同じだよ。疑問文のときは is を it の前に出し，否定文のときは is のあとに not を置くんだ。
>
> **Is it difficult for him to swim in the sea?**
> （彼にとって海で泳ぐことは難しいですか）
>
> **It isn't difficult for him to swim in the sea.**
> （彼にとって海で泳ぐことは難しくありません）

左ページの答 It

13 あまりにも〜すぎて…できない

This box is too heavy to move. (too 〜 to ...)

まず ココ！ too 〜 to ... って何？

➡ 「あまりにも〜すぎて…できない」を表すときは，too 〜 to ... の文を使います。not がなくても否定の意味になります。

つぎ ココ！ too 〜（for＋人＋）to ... の文の作り方

too の直後には，必ず形容詞・副詞がくるよ

This box is too heavy to move.

あまりにも〜すぎてできない ←動詞の原形

（この箱はあまりにも重すぎて，動かすことができません）

〈for＋人〉はココ！

This box is too heavy for me to move.

（この箱はあまりにも重すぎて，私には動かすことができません）

まとめよう

too の直後には ① [　　　　　] または副詞がきます。〈② [　　　　　] ＋人〉を to の前に置くことで，「人にとって」という意味を表します。

さらに ココ！ so 〜 that＋人＋can't ...

➡ 〈too 〜 for＋人＋ to ...〉は，〈so 〜 that＋人＋can't ...〉「あまりにも〜なので，人は…できない」に書きかえることができます。

This book is too difficult for me to read. ◁ 目的語が不要

（この本はあまりにも難しいので，私には読むことができません）

that のあとには文が続くから，主語を忘れないようにしよう

This book is so difficult that I can't read it . ◁ 目的語が必要

（この本はあまりにも難しいので，私には読むことができません）

基本問題

解答⇒別冊 p.11
答え合わせが終わったら，音声を聞きましょう。

1 （　）の中の語を使って，英文を作りましょう。

(1) この箱はあまりにも重すぎて運ぶことができません。（too / carry）

_____

重い：heavy

(2) この車はあまりにも古すぎて動くことができません。（too / move）

_____

(3) 彼は起きるのがあまりにも遅すぎたので，彼女に会うことができませんでした。　　　　　　　　　　　　　　　　　　　　　　　　　　　　（too / meet）

_____

遅い：late

too ～ for ＋人＋
to ... と so ～ that
＋人 ＋ can't ... は
ほぼ同じ意味だよ。

2 次の英文を日本語にしましょう。

(1) He is so old that he cannot run fast.

（　　　　　　　　　　　　　　　　　　　　　　　）

(2) This question was so difficult that we couldn't answer it.
                    can の過去形

（　　　　　　　　　　　　　　　　　　　　　　　）

もう一歩

too のあとにくる形容詞や副詞って何だろう？

「やさしい」や「美しい」など，人やもののようすを表すことばを「形容詞」というよ。そして，「熱心に」「上手に」など，人やものの動きを説明することばを「副詞」というよ。too のあとには形容詞がくることが多いけれど，副詞もくることがあるんだ。

The dog runs too fast to catch.
　　　　　　　　　　副詞

（そのイヌは走るのがあまりにも速すぎて，捕まえることができません）

左ページの答　①形容詞　②for

14 〜に…するように頼む / 言う / …してほしい

I want Yukari to get well soon. (want + 人 + to ...)

まず ココ！ ＞ 〈ask / tell / want＋人＋to＋動詞の原形〉って何？

➡ 「人に…するように頼む」は，〈ask＋人＋to＋動詞の原形〉の形で表します。

➡ 「人に…するように言う」は，〈tell＋人＋to＋動詞の原形〉の形で表します。

➡ 「人に…してほしい」は，〈want＋人＋to＋動詞の原形〉の形で表します。

つぎ ココ！ ＞ 〈ask / tell / want＋人＋to＋動詞の原形〉の作り方

He asked his sister to read the book.
頼んだ ── 頼む相手 ── 頼む内容

（彼はお姉さんにその本を読んでくれるように頼みました）

I told him to go there. （私は彼にそこに行くように言いました）
言った ── 言う相手 ── 言う内容

I want Yukari to get well soon.
もらいたい　ユカリに　〜して （私はユカリにすぐに良くなってほしいです）

早く良く
なってね

まとめよう ✏ ask / tell / want の直後には，頼む／言う／してほしい相手がきて，そのあとには〈to＋ [　　　　　　　　] 〉が続きます。

さらに ココ！ ＞ 〈動詞＋to＋動詞の原形〉との比較

➡ 〈動詞＋人＋to＋動詞の原形〉と〈動詞＋to＋動詞の原形〉では，〈to＋動詞の原形〉が表している動作や行為をする人がちがいます。

I want to go to America. （私はアメリカに行きたいです）

→ 「アメリカに行く」のは「私」

I want Kenta to go to America. （私はケンタにアメリカに行ってほしいです）

→ 「アメリカに行く」のは「ケンタ」

解答⇒別冊 p.11
答え合わせが終わったら，音声を聞きましょう。

1 次の（　　）の中に英語を入れましょう。

(1) 私は彼に私の家に来てもらいたいです。

I （　　　　　）（　　　　　）（　　　　　　） come to my house.

(2) 私の父は私に宿題をするように言いました。

My father （　　　　　）（　　　　　）（　　　　　　） do my homework.

(3) 彼女は私たちに部屋をそうじするように頼みました。

She （　　　　　）（　　　　　）（　　　　　　） clean the rooms.

> want＋人＋to ～
> 「人に～してもらいたい」と
> want to ～「～したい」は，
> 似てるけど，ちがうよ。

2 次の英文を日本語にしましょう。

(1) He wanted to go shopping.

（　　　　　　　　　　　　　　　　　　　　　　　）

He wanted you to go shopping.

（　　　　　　　　　　　　　　　　　　　　　　　）

(2) I want to sing songs.

（　　　　　　　　　　　　　　　　　　　　　　　）

I want you to sing songs.

（　　　　　　　　　　　　　　　　　　　　　　　）

左ページの答 動詞の原形

15 〜のし方

I know how to snowboard. （how to＋動詞の原形）

まず ココ！ 〈how to＋動詞の原形〉って何？

→ 疑問詞の how（どのように）に〈to＋動詞の原形〉を続けると，「どのように〜したらいいのか［〜すべきか］」，「〜のし方」という意味になります。

つぎ ココ！ 〈how to＋動詞の原形〉を使った文の作り方

主語　動詞　目的語
I know him.
私は 知っている ↑彼を

主語　動詞　　　　　　　目的語
I know how to snowboard.
私は 知っている　　スノーボードのすべり方

〈how to＋動詞の原形〉が，ひとまとまりになって動詞 know の目的語になっているよ

〈how to＋動詞の原形〉が，動詞の目的語なので動詞の直後にきているよ

I know how to snowboard.

でも、止まり方知らないんだ。

まとめよう 〈 ①[　　　　] to＋動詞の原形〉を動詞の直後にもってくると，動詞の ②[　　　　] のはたらきをします。

さらに ココ！ 「〜のし方を…しますか（…しません）」

→ 疑問文では「Do［Does］＋主語＋動詞＋〈how to＋動詞の原形 〜〉?」，否定文では「主語＋don't［doesn't］＋動詞＋〈how to＋動詞の原形〜〉.」の形になります。

疑問文　**Do you know** **how to play chess?**
あなたは知っていますか　チェスのやり方を

否定文　**You don't know how to play chess.**
あなたは知りません　チェスのやり方を

疑問文や否定文でも、〈how to＋動詞の原形〉の語順は変わらないよ。

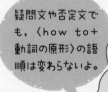

中 1-2 の復習

第1章

第2章

第3章

第4章

第5章

第6章

基本問題

解答⇒別冊 p.11
答え合わせが終わったら，音声を聞きましょう。

1 次の（　　）の中に英語を入れましょう。

(1) 彼女は駅への行き方を知っています。

She knows（　　　　　）（　　　　　）（　　　　　）to the

station.

(2) 私は手紙の書き方を学びます。

I learn（　　　　　）（　　　　　）（　　　　　）letters.

(3) 彼は車の運転のし方を学びました。

He learned（　　　　　）（　　　　　）（　　　　　）a car.

> to の後ろには動詞の原形がくるよ。

2 次の＿＿線部に英語を入れましょう。

(1) あなたはあのコンピュータの使い方を知っていますか。

Do ＿＿＿＿＿＿＿＿＿＿＿＿＿＿＿＿＿＿＿＿＿＿＿＿＿＿？

(2) 私は野球のやり方を知りません。

I ＿＿＿＿＿＿＿＿＿＿＿＿＿＿＿＿＿＿＿＿＿＿＿＿＿＿.

(3) 彼らはどうやって図書館へ行けばよいか知りませんでした。

They ＿＿＿＿＿＿＿＿＿＿＿＿＿＿＿＿＿＿＿＿＿＿＿＿.

(4) 彼女は速く泳ぐ方法を知っています。

She ＿＿＿＿＿＿＿＿＿＿＿＿＿＿＿＿＿＿＿＿＿＿＿＿.

左ページの答 ①how ②目的語

16 何を / どこで / いつ～するべきか

She knows what to do. 疑問詞＋to＋動詞の原形

まず ココ！ 〈疑問詞＋to＋動詞の原形〉って何？

➡ what, where, when などの疑問詞に〈to＋動詞の原形〉を続けると, それぞれの疑問詞の意味に「～したらよいか」,「～するべきか」という意味が加わります。

つぎ ココ！ 〈疑問詞＋to＋動詞の原形〉を使った文の作り方

She knows what to do .

彼女は知っています　何をしたらよいかを

I know where to go next.

私は知っています　次にどこへ行ったらよいかを

We know when to meet .

私たちは知っています　いつ会ったらよいかを

次は、、、

まとめ よう 〈疑問詞＋to＋動詞の原形〉の形で, ひとまとまりの意味を表します。

　　　　　　　（何）, where（どこで）, when（いつ）などの意味に,「～したらよいか」,「～するべきか」という意味が加えられます。

さらに ココ！ 〈疑問詞＋to＋動詞の原形〉を目的語にとる動詞

➡ 〈疑問詞＋to＋動詞の原形〉の形は, know（知っている）, tell（教える）, teach（教える）, learn（学ぶ）, understand（理解する）, ask（たずねる）などの動詞といっしょによく使われます。

Tell me when to start . （いつ始めたらよいかを私に教えてください）

動詞　目的語（人）　　目的語

動詞の目的語になるので動詞の直後に置いたり, 目的語（人）のあとに置いたりすることができるよ。

中1・2の復習

第1章

第2章

第3章

第4章

第5章

第6章

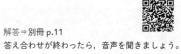

基本問題

解答⇒別冊 p.11
答え合わせが終わったら，音声を聞きましょう。

1 次の（　）の中に英語を入れましょう。

(1) 私はいつ家を出たらよいか分かりません。

I don't know （　　　　）（　　　　）（　　　　） home.

(2) 彼は次に何をしたらよいか分かりませんでした。

He didn't know （　　　　）（　　　　）（　　　　） next.
<u>　　</u>
次に

(3) 彼女はどこでこの本を買えばよいか知っていますか。

Does she know （　　　　）（　　　　）（　　　　） this book?

> 〈疑問詞＋to＋動詞の原形〉で
> 「〜したらよいか」になるよ。

2 次の＿＿線部に英語を入れましょう。

(1) 彼女はいつ私の家に来ればよいか知っています。

She ＿＿＿＿＿＿＿＿＿＿＿＿＿＿＿＿＿＿＿＿＿＿＿ .

(2) 彼は何を買えばよいか知っています。

He ＿＿＿＿＿＿＿＿＿＿＿＿＿＿＿＿＿＿＿＿＿＿＿ .

(3) 私はどこへ行けばよいか分かりません。

I ＿＿＿＿＿＿＿＿＿＿＿＿＿＿＿＿＿＿＿＿＿＿＿ .

左ページの答 what

1 次の（　　）の中に英語を入れましょう。（完答7点×5＝35点）

(1) 私にとってこのコンピュータを使うことは難しいです。

It is difficult （　　　　　） （　　　　　　） （　　　　　　）
（　　　　　　） this computer.

(2) 私の姉はギターのひき方を学びました。　　　　　　　　　〔神奈川県一改〕

My sister learned （　　　　　　） （　　　　　　） play the guitar.

(3) サチは父に，彼女といっしょに動物園に行くように頼みました。　〔栃木県一改〕

Sachi （　　　　　　） her father （　　　　） （　　　　　） to the
zoo with her.

(4) 私は彼女にここに来てほしいです。

I （　　　　　） （　　　　　） （　　　　　　） come here.

(5) 私はあまりにもお腹がいっぱいなので，デザートを食べることができません。

I am （　　　　　） full （　　　　） I （　　　　　） eat dessert.

2 次の英文を（　）の中の指示にしたがって書きかえましょう。（8点×3＝24点）

(1) Reading books is fun for me. （it を使ってほぼ同じ意味の英文に）

_____

(2) I was so tired that I couldn't take a bath.

（too を使ってほぼ同じ意味の英文に）

_____

(3) My mother asked me, "Can you wash the dishes?".

（〈ask＋人＋to＋動詞の原形〉を使ってほぼ同じ意味の英文に）

_____

.

◎「—（＝人）にとって〜することは…だ」の文では，to 〜 の前に〈for＋人〉を置くよ。

◎「〜（＝人）に…してもらいたい」は〈want＋人＋to＋動詞の原形〉の形で表すよ。

◎ too 〜（for —）to … を so 〜 that — can't … に書きかえるとき，that のあとに主語を置くことを忘れないでね！

3 [　　]の中の語句を並べかえて，正しい英文を作りましょう。（7点×3＝21点）

(1) 母は私に部屋をそうじするように言いました。〔富山県一改〕

[to / told / my mother / clean / me] my room.

_____ my room.

(2) 私たちは何をすべきか分かりませんでした。〔大阪府一改〕

We [what / didn't / do / know / to].

We _____ .

(3) いつ出発すべきか私に教えてください。

[to / please / when / tell / leave / me].

_____ .

4 次の日本文を英語にしましょう。（10点×2＝20点）

(1) 彼はあまりにも年をとっているので，速く走ることができません。

_____

_____

(2) 彼は起きるのが遅すぎたので，彼女に会うことができませんでした。

_____

_____

答え合わせが終わったら，音声を聞きましょう。

これで レベルアップ

「この箱は重くて，私には運べません」を too 〜 to … で表すと？

「この箱は私にとってあまりにも重すぎるので，運べません」と考えよう。
This box is too heavy for me to carry.

73

17 第4章 部屋の中のネコ

the cat in the room 〔名詞の後置修飾〕

まず ココ！ 名詞を説明することば

➡️ 「部屋の中のネコ」のように，ネコ（名詞）を説明することばは日本語では名詞の前にきますが，英語では**名詞を説明することば（2 語以上のとき）は名詞の後ろ**にきます。

つぎ ココ！ 名詞を説明することばの使い方

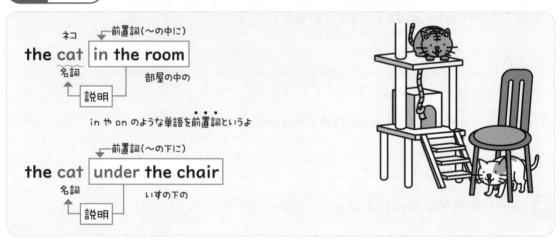

ネコ
前置詞（〜の中に）
the cat | in the room
名詞
説明　　　部屋の中の

in や on のような単語を前置詞というよ

前置詞（〜の下に）
the cat | under the chair
名詞
説明　　いすの下の

まとめよう ✏️　「部屋の中のネコ」は，the 〔　　　　　〕 in the room となります。in the room が前の cat を説明しています。

さらに ココ！ 前置詞をふくむ語句の位置

➡️ in the room のような前置詞をふくむ語句が，名詞を説明するときは**説明される名詞の直後**に置きます。

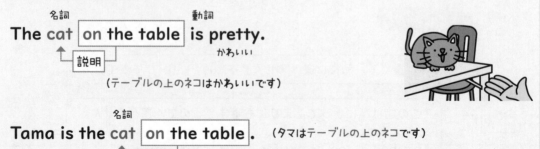

名詞　　　　　　　　　動詞
The cat | on the table | is pretty.
　　　　説明　　　　　かわいい

（テーブルの上のネコはかわいいです）

名詞
Tama is the cat | on the table |.　（タマはテーブルの上のネコです）
　　　　　　　説明

74

基本問題

解答⇒別冊 p.12
答え合わせが終わったら，音声を聞きましょう。

1 次の（　　）の中に英語を入れましょう。

(1) 丘の上にあるあの建物は私たちの学校です。

That （　　　　　） （　　　　　） the hill is our school.
丘

(2) 私は日本についての本を読むのが好きです。

I like to read （　　　　　） （　　　　　） Japan.

(3) あなたのそばにいる少年が私の弟です。

The （　　　　　） （　　　　　） you is my brother.

〈～＋場所を表す前置詞＋ ...〉
は「…にいる～」「…にある～」
と訳すよ。

2 次の英文を日本語にしましょう。

(1) I know the girl near my teacher.

（　　　　　　　　　　　　　　　　　　　　　　　　　）

(2) The bag under the desk is hers.

（　　　　　　　　　　　　　　　　　　　　　　　　　）

(3) The books in this box are old.

（　　　　　　　　　　　　　　　　　　　　　　　　　）

(4) This is a bus for Tokyo.
～行きの

（　　　　　　　　　　　　　　　　　　　　　　　　　）

左ページの答 cat

18 部屋の中で歌っている少年

the boy singing in the room 〔現在分詞による後置修飾〕

まず ココ! 名詞を説明する〈動詞の 〜ing 形＋語句〉

➡ 〈動詞の 〜ing 形〉を「現在分詞」と言います。

➡ 人やものについて,「〜している…」と説明するときは,〈人(もの)＋動詞の 〜ing 形＋語句〉の形になります。

つぎ ココ! 名詞を説明する〈動詞の 〜ing 形＋語句〉の文の作り方

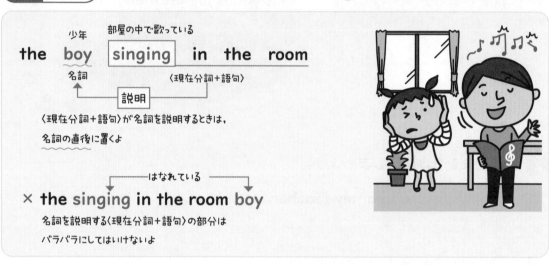

まとめよう 〈動詞の 〜ing 形〉を①⬚と言います。「②⬚」という意味を表し,名詞を説明する働きがあります。

さらに ココ! 名詞を説明する〈動詞の 〜ing 形＋語句〉の位置

➡ 〈動詞の 〜ing 形＋語句〉のまとまりは,説明される名詞の直後に置きます。

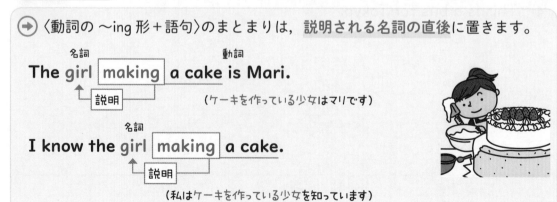

基本問題

解答⇒別冊 p.12
答え合わせが終わったら，音声を聞きましょう。

1 次の（　）の中に英語を入れましょう。

(1) 私には東京に住んでいる弟がいます。

I have a （　　　　　　）（　　　　　　　　） in Tokyo.

(2) 公園で走っているあの男性は私の先生です。

That （　　　　　　）（　　　　　　　　） in the park is my teacher.

(3) 英語を話しているその女性はメアリーです。

The （　　　　　　）（　　　　　　　） English is Mary.

2 次の英文を日本語にしましょう。

(1) The boy writing a letter is Ken.

（　　　　　　　　　　　　　　　　　　　　　　　　　　）

(2) He knows that girl talking over there.

（　　　　　　　　　　　　　　　　　　　　　　　　　　）

3 次の日本文を英語にしましょう。

あなたはテニスをしているあの男性を知っていますか。

もう一歩

現在進行形に使われる現在分詞（動詞の〜ing 形）

　現在分詞は，名詞を説明するときと，1 年生で習った現在進行形の文を表すときに使われるよ。現在進行形の場合は，現在分詞のすぐ前に be 動詞を置くんだったね。

現在進行形 〈be 動詞＋現在分詞（動詞の〜ing 形）〉

「〜しています，〜しているところです」

They are playing soccer. （彼らはサッカーをしています）

母によって焼かれたクッキー

cookies baked by my mother 〔過去分詞による後置修飾〕

まず ココ！ 〈人［もの］＋過去分詞＋語句〉

➡️ 人やものについて，「〜された…［されている］」と説明するときは，〈人［もの］＋過去分詞＋語句〉の形になります。

つぎ ココ！ 名詞を説明する〈過去分詞＋語句〉の位置

クッキー 母によって焼かれた
cookies baked by my mother
名詞 〈過去分詞＋語句〉
説明

〈過去分詞＋語句〉が名詞を説明するときは，
名詞の直後に置くよ

× baked by my mother cookies
× baked cookies by my mother

名詞を説明する
〈過去分詞＋語句〉の部分は
バラバラにして
はいけないよ

まとめよう 過去分詞には，「　　　　　」という意味があり，〈過去分詞＋語句〉で名詞を後ろから説明する働きがあります。

さらに ココ！ 名詞を説明する〈過去分詞＋語句〉の文の作り方

➡️ 〈過去分詞＋語句〉のまとまりは，説明される名詞の直後に置きます。

名詞
This is the movie watched all over the world.
説明
（これは世界中で見られた映画です）

名詞
I like the movie watched all over the world.
説明
（私は世界中で見られたその映画が好きです）

基本問題

解答⇒別冊 p.13
答え合わせが終わったら，音声を聞きましょう。

1 次の( )の中に英語を入れましょう。

(1) 彼は英語で書かれたその本を読みます。

He reads the book (⤷ 書かれた) in English.

(2) みんなに使われているそのコンピュータは新しいです。

The computers (⤷ 使われている) by everyone are new.

(3) カナダで話されている言語は英語とフランス語です。

The ( ) (⤷ 話されている) in Canada are English and French.
フランス語

過去分詞は「～された，
～される」と訳すよ。

2 次の＿＿線部に英語を入れましょう。

(1) 京都でとられたその写真は美しかったです。

The picture ＿＿＿＿＿＿＿＿＿＿＿＿＿＿＿ was beautiful.

(2) 彼は中国製のいすを買いました。

He bought a ＿＿＿＿＿＿＿＿＿＿＿＿＿＿＿ China.
⤷ 中国製の＝中国で作られた

(3) これは世界中で読まれている本です。

This is a ＿＿＿＿＿＿＿＿＿＿＿＿＿＿＿ all over the world.
世界中で

もう一歩

受け身に使われる過去分詞

　過去分詞は，名詞を説明したり，受け身や現在完了の文で使われたりするよ。受け身の文では，過去分詞のすぐ前にbe動詞を置くんだったね。

受け身 〈be動詞＋過去分詞〉「～された，～されている」

This book was written by a Japanese idol.

（この本は日本のアイドルによって書かれました）

左 ペ ー ジ の 答　～された[～されている]

1 次の（　　）の中に英語を入れましょう。(7点×10＝70点)

(1) これは私の父によって書かれた手紙です。　　　　　　　　　　　〔栃木県一改〕

This is the letter （　　　　　　　） by my father.

(2) 空を飛んでいる鳥を見なさい。　　　　　　　　　　　　　　　〔神奈川県一改〕

Look at the birds （　　　　　　　） in the sky.
　　　　　　　　　↳ 飛ぶ：fly

(3) 私には大阪に住んでいる弟がいます。

I have a （　　　　　　） （　　　　　　　） in Osaka.

(4) テーブルの下のイヌは私のイヌです。

The （　　　　　　） （　　　　　　　） the table is mine.

(5) みんなによって使われているそのコンピュータは新しいです。

The computers （　　　　　　） by everyone are new.

(6) フランス語を話しているその女性はジェーンです。

The （　　　　　） （　　　　　　　） French is Jane.

(7) アレックスは多くの人々に愛されている歌手です。

Alex is a （　　　　　　）（　　　　　　　） by many people.
　　　　　　↳ 歌手：singer

(8) 駅の近くにあるあの建物はデパートです。

That （　　　　　　）（　　　　　　　） the station is a department store.
　　　　　　　　　　　　　　　　　　　　　　　　　　デパート

(9) アキラと話しているあの少年を知っていますか。

Do you know that （　　　　　　） （　　　　　　　） with Akira?

(10) 彼女はみんなが知っている歌手です。

She is a （　　　　　　） （　　　　　　　） to everyone.

中1・2の復習

第1章

第2章

第3章

第4章

第5章

第6章

◎〈現在分詞／過去分詞＋語句〉が名詞を説明するときは，説明する名詞の直後に置くよ。

2 [   ]の中の語句を並べかえて，正しい英文を作りましょう。(7点×3＝21点)

(1) 私たちの町には2年前に建てられた図書館があります。　　　　　〔秋田県―改〕

Our town has a [years / library / two / built] ago.

Our town has a _____ ago.

(2) あなたの先生と話しているその少女は私の妹です。　　　　　〔山形県―改〕

The [with / is / talking / your teacher / girl] my sister.

The _____ my sister.

(3) 彼女は生徒に愛されている教師です。　　　　　〔神奈川県―改〕

She is a [by / teacher / her / loved] students.

She is a _____ students.

3 次のイラストに合うように，英文を完成しましょう。(9点)

English is the _____ all
over the world.

答え合わせが終わったら，音声を聞きましょう。

これで レベルアップ

「あの話している男性」は何て言うの？

「彼女と話しているあの男性」は，that man talking with
her と現在分詞を名詞の後に置くけれど，「あの話している
男性」は，that talking man と現在分詞を名詞の前に置くよ。

20 第5章 関係代名詞 ①（名詞＋ who ＋動詞～）

I have a friend who lives in Brazil. 関係代名詞・主格の who

まず ココ！ 関係代名詞 who って何？

- ➡ 人について説明するとき，〈人を表す名詞＋who＋動詞～〉の形を使います。

- ➡ who は後ろの動詞の主語としての働きをします。このような who を「主格の関係代名詞」といい，関係代名詞の前の名詞を「先行詞」といいます。

つぎ ココ！ 関係代名詞 who を使った文の作り方

I have a friend. （私には友だちがいます）

これだけではどんな友だちかあからないね

The friend lives in Brazil.
（その友だちはブラジルに住んでいます）

どんな友だちなのか情報をつけ加える

関係代名詞 who を使う

名詞（先行詞）
I have a friend who lives in Brazil.
関係代名詞＋動詞

（私にはブラジルに住んでいる友だちがいます）

元気だった？

うん！久しぶり！

まとめよう

① _____ を使えば，2つの文を1つにまとめることができます。

主格の who は後ろの動詞の ② _____ の働きをします。

さらに ココ！ 関係代名詞 who に続く動詞の形

- ➡ 主格の関係代名詞 who の後ろの動詞の形は，前にある名詞によって決まります。

I have some friends who live in China. （私には中国に住んでいる友だちが何人かいます）

複数…動詞はそのままの形

I have a friend who lives in China. （私には中国に住んでいる友だちがいます）

3人称・単数…動詞に s をつける

基 本 問 題 解答⇒別冊 p.13
答え合わせが終わったら，音声を聞きましょう。

中1・2の復習
第1章
第2章
第3章
第4章
第5章
第6章

1 次の（　　）の中に英語を入れましょう。

(1) 私には大阪に住んでいる友だちがいます。

I have a friend （　　　　　）（　　　　　　　） in Osaka.

(2) 彼はカナダから来た男性を知っています。

He knows a （　　　　　）（　　　　　　　） came from Canada.

(3) 山田先生と話しているあの女性は英語を話します。

That woman （　　　　　）（　　　　　　　） talking with Ms. Yamada

speaks English.

> 関係代名詞の位置に
> 気をつけて。

2 次の 2 つの英文を，関係代名詞の who を使って 1 つの英文にしましょう。

(1) I have a brother. He likes music.

_____

(2) The man is our teacher. He is driving a car.

_____

もう一歩

主格の関係代名詞の文を作るときのポイント

まず，「〜する○○」のような，名詞を説明している部分を見つけよう。

次に名詞「○○」を先行詞にして，その後ろに〈関係代名詞 who ＋動詞〜〉
を続ければ O K ！

彼女は | オーストラリアに住んでいる「〜する」 | 私の友だち 名詞「○○」 | です

→ **She is my friend who lives in Australia.**

左 ページ の 答　①関係代名詞　②主語

まず ココ！ 関係代名詞 which と that って何？

➡ 関係代名詞 which は，動物やものを説明するときに使うことができます。

➡ 関係代名詞 that は，先行詞が動物やもの，人の場合に使うことができます。

つぎ ココ！ 関係代名詞 which を使った文の作り方

This is a cat. 　（これはネコです）

これだけではどんなネコかわからないね

The cat speaks. 　（そのネコは話します）

どんなネコなのか情報をつけ加える

関係代名詞 which を使う

名詞（先行詞）　　　　　（これは話すネコです）

This is a cat which speaks.

関係代名詞＋動詞

しゃべるネコなんだ

ごはーん

まとめよう 　関係代名詞の which は，①□□□ や ②□□□ を説明するときに使うことができます。主格の which は後ろの動詞の ③□□□ の働きをします。

さらに ココ！ 関係代名詞 that を使った文の作り方

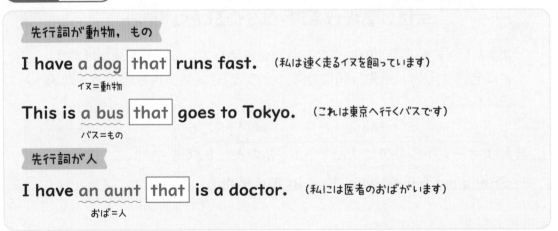

先行詞が動物，もの

I have a dog │that│ runs fast. 　（私は速く走るイヌを飼っています）

イヌ＝動物

This is a bus │that│ goes to Tokyo. 　（これは東京へ行くバスです）

バス＝もの

先行詞が人

I have an aunt │that│ is a doctor. 　（私には医者のおばがいます）

おば＝人

中1・2の復習

第1章

第2章

第3章

第4章

第5章

第6章

基 本 問 題　　解答⇒別冊 p.14
答え合わせが終わったら，音声を聞きましょう。

1 次の（　　）の中から適切な英語を選びましょう。

(1)　The book (which / who) was written by Soseki is interesting.

(2)　This is a song (who / that) is loved by many people.

(3)　I have a friend (that / which) can play the guitar.

関係代名詞
の前の名詞
に注意！

2 次の（　　）の中に英語を入れましょう。

(1)　私はアメリカ出身の学生を知っています。
　　I know a student (　　　　　　) (　　　　　　　　) from America.

(2)　これはとても速く走ることができるネコです。
　　This is a cat (　　　　　) (　　　　　　　) run very fast.

(3)　これは駅へ行くバスです。
　　This is a bus (　　　　　) (　　　　　　　) to the station.

(4)　大きなカバンを持っているあの男の子はケンジです。
　　That boy (　　　　　　) (　　　　　　　) a large bag is Kenji.

22

関係代名詞 ③（名詞＋ which［that］＋主語＋動詞～）

I like doughnuts which［that］ my mother makes. 関係代名詞・目的格

まず ココ！ 目的格の関係代名詞って何？

➡ 人やものについて「…が～する○○」のように説明するときは，人やものを表す名詞のあとに，〈関係代名詞＋主語＋動詞～〉の形を続けます。この場合の関係代名詞は，後ろに続く〈主語＋動詞～〉の目的語の働きをしているので，目的格の関係代名詞といいます。

➡ 目的格の関係代名詞では，先行詞が「人」の場合は that，「もの，動物」の場合は that と which の両方が使えます。

つぎ ココ！ 目的格の関係代名詞を使った文の作り方

＝（イコール）

ドーナツ＝もの　　　　　主語　　　動詞　目的語

I like doughnuts.　　My mother makes them.

（私はドーナツが好きです）　　（母はそれらを作ります）

関係代名詞 which［that］を使う

名詞（先行詞）　　関係代名詞

I like doughnuts which［that］ my mother makes.

前の名詞（先行詞）を説明

（私は母が作るドーナツが好きです）

おかあさんのドーナツ大好き！

まだまだたくさんあるよ～

まとめよう　目的格の関係代名詞は，先行詞が「人」のときは that，「動物，もの」のときは that か ⬚ を使います。

さらに ココ！ 目的格の関係代名詞は省略できる

➡ 目的格の関係代名詞 which / that は，省略することができます。

This is a picture which［that］ I took yesterday.

（これは私が昨日とった写真です）

This is a picture ⬚ I took yesterday.

（これは私が昨日とった写真です）

基本問題

解答⇒別冊 p.14
答え合わせが終わったら，音声を聞きましょう。

1 次の（　）の中に英語を入れましょう。

(1) これは彼が去年書いた本です。

This is the book（　　　　　）he wrote last year.

(2) 私が昨日買ったカバンは小さいです。

The bag（　　　　　）I bought yesterday is small.

(3) これは彼女がとった写真です。

This is a picture（　　　　）（　　　　）（　　　　）.

(4) 私がパーティーで会った男性はカナダ出身です。

The（　　　　）（　　　　）（　　　　）at the party is from Canada.

2 次の＿＿線部に英語を入れましょう。

目的格の関係代名詞は省略できるよ。

(1) 私が見た映画はおもしろかったです。

The ＿＿＿＿＿＿＿＿＿＿＿＿＿＿＿＿ was interesting.

(2) これは私が好きなケーキです。

This is the ＿＿＿＿＿＿＿＿＿＿＿＿＿＿ .

もう一歩

目的格の関係代名詞の文を作るときのポイント

まず，「…が〜する○○」のような，名詞を説明している部分を見つけよう。
次に名詞「○○」を先行詞にして，その後ろに〈関係代名詞（which / that）
＋主語＋動詞〜〉を続ければ OK！

「…が〜する」　　名詞「○○」
　　=　　　　　　　=
これは | 私の友だちが作った | 帽子 | です。

→ This is the hat（which［that］）my friend made.
　　　　　　　　　　　　━ 省略できるよ

左ページの答　which

87

23

関係代名詞のまとめ

The company needs a person who lives in Tokyo. 関係代名詞のまとめ

まず ココ！ 関係代名詞の種類

→ 関係代名詞は，その前にある名詞を説明する目印の役割をします。

→ 関係代名詞は，主語の働きをするものと目的語の働きをするものがあります。目的語の働きをする関係代名詞は省略することができます。

→ 関係代名詞の who は前の名詞が人のときに使い，which は動物やもののときに使います。that は人，動物，もののいずれのときにも使えます。

つぎ ココ！ 関係代名詞の使い方

主格

The company needs a person who lives in Tokyo.

人（単数）　　　　動詞（3人称・単数・現在）

（その会社は東京に住んでいる人を必要としています）

目的格

The movie (which) I watched last night was very interesting.

もの（単数）　　　主語　動詞（過去形）　（昨夜私が見た映画はとてもおもしろかったです）

The boys (that) she knows well are from Canada.

人（複数）　　　　主語　動詞（現在形）　（彼女がよく知っている少年たちはカナダ出身です）

まとめよう

関係代名詞には ①[　　　　]，②[　　　　]，③[　　　　] の3つがあり，先行詞と働きによって使い分けます。

さらに ココ！ 関係代名詞の使い分け

先行詞　　　　　格	主格	目的格
① 人	who	———
② 動物・もの	which	which
③ 人・動物・もの	that	that

who は人，
which は動物・もの，
that はどちらでも使えるよ

88

基本問題

解答⇒別冊 p.14
答え合わせが終わったら，音声を聞きましょう。

中1・2の復習

第1章

第2章

第3章

第4章

第5章

第6章

1 （　）の中から適切な英語を選びましょう。

(1)　Kenta is a boy (who / which) can speak English.

(2)　The picture (which / who) she took in England is on the wall.

(3)　The woman (that / which) you can see over there is my mother.

(4)　That is the house (who / that) he built last year.

2 次の＿＿＿線部に英語を入れましょう。

先行詞が人・動物・ものの
どれなのかに注目しよう。

(1)　彼は速く泳ぐことができるイヌを飼っています。

He has a ＿＿＿＿＿＿＿＿＿＿＿＿＿＿＿＿＿ fast.

(2)　私にはブラジルに住んでいる友だちがいます。

I have a ＿＿＿＿＿＿＿＿＿＿＿＿＿＿＿＿＿ in Brazil.

(3)　ピアノをひいている男の子は私の弟です。

The ＿＿＿＿＿＿＿＿＿＿＿＿＿＿＿＿＿ is my brother.

(4)　これは私が10年前にとった写真です。

This is a ＿＿＿＿＿＿＿＿＿＿＿＿＿＿＿＿＿ ten years ago.

 もう一歩

who や which を使わず，that を使うとき

先行詞が人と人以外のとき

I saw a dog and a woman |that| were running in the park.
　　　　人＋人以外

（私は公園を走っているイヌと女性を見ました）

先行詞（人）＋that＋主語＋動詞の語順のとき

He is a man |that| I saw yesterday.　（彼は私が昨日見かけた男性です）
　　　　人　　　　主語＋動詞

24 私が毎日使うコンピュータ

the computer I use every day 〈主語＋動詞〉による後置修飾

まず ココ！ 名詞を説明する〈主語＋動詞…〉

➡ 人やものについて「〜が…する［した］―」と説明するときは，〈人［もの］＋主語＋動詞…〉の形になります。

つぎ ココ！ 名詞を説明する〈主語＋動詞…〉の文の作り方

名詞 ← ┌説明┐ 〈主語＋動詞…〉
the computer ｜I use every day｜
現在形
（私が毎日使うコンピュータ）

名詞 ← ┌説明┐ 〈主語＋動詞…〉
the computer ｜I used yesterday｜
過去形
（私が昨日使ったコンピュータ）

CINEMA FILE:No.00098
Bra-pi
an actor and producer
known as much for......

まとめよう 名詞の直後に〈主語＋動詞…〉を置き，「〜が…する［した］―」という意味を表すことができます。「…する」なら ① ⬚ 形に，「…した」なら
② ⬚ 形にします。

さらに ココ！ 名詞を説明する〈主語＋動詞…〉の位置

➡ 〈主語＋動詞…〉のまとまりは，説明される名詞の直後に置きます。

名詞 〈主語＋動詞…〉
This is the room my brother uses. （これは私の兄が使う部屋です）
└┌説明┐

名詞 〈主語＋動詞…〉
This room my brother uses is clean. （私の兄が使うこの部屋はきれいです）
└┌説明┐

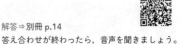

基|本|問|題

解答⇒別冊 p.14
答え合わせが終わったら，音声を聞きましょう。

1 次の（　　）の中に英語を入れましょう。

(1) これは去年私が買った本です。

This is a (　　　　　) (　　　　　) (　　　　　) last year.

(2) あなたは私が昨日会った女性を知っていますか。

Do you know the (　　　　　) (　　　　　) (　　　　　)
yesterday?

(3) 私が先週訪れた都市は美しかったです。

The (　　　　　) (　　　　　) (　　　　　) last week was
　　 ↳ 都市＝city
beautiful.

(4) 彼がとった写真を見なさい。

Look at the (　　　　　) (　　　　　) (　　　　　).

〈名詞＋主語＋動詞…〉の順になるよ。

2 次の英文を日本語にしましょう。

(1) I know the song she is singing.

(　　　　　　　　　　　　　　　　　　　　　　　　　　　　　)

(2) The restaurant I found is famous.

(　　　　　　　　　　　　　　　　　　　　　　　　　　　　　)

(3) Please read the letter he wrote.

(　　　　　　　　　　　　　　　　　　　　　　　　　　　　　)

確認テスト ⑨

目標得点：70点

解答⇒別冊 p.15

／ 100

1 次の（　）の中に英語を入れましょう。(10点×4＝40点)

(1) 私には大阪に住んでいる友だちがいます。

I have a friend （　　　　　） （　　　　　） in Osaka.

(2) 私は速く走るイヌを飼っています。

I have a dog （　　　　　） （　　　　　） fast.

(3) これは彼が去年書いた本です。

This is the book （　　　　　） he wrote last year.

(4) 私が昨日買ったカバンは小さいです。

The （　　　　　） （　　　　　） （　　　　　） yesterday is small.

2 次の表を見て，英文を完成しましょう。(10点×2＝20点)

	ケンの父	ケンの母	ケン	ケンの弟
好きな こと	釣り	料理	パソコン	音楽鑑賞
身長の 高さ	173 cm	164 cm	170 cm	150 cm

(1) Ken has a _____ listening to music.

(2) The person _____ Ken's family is his father.

アドバイス

◎ どこまでが先行詞を説明する部分なのか，しっかりと見きわめよう。
◎ 関係代名詞を省略できるのは，目的格のときだけだよ。

中
1・2
の
復習

第
1
章

第
2
章

第
3
章

第
4
章

第
5
章

第
6
章

3 [ ]の中の語句を並べかえて，正しい英文を作りましょう。(8点×5＝40点)

(1) 何か食べたいものがありますか。

Is there [eat / you / want / to / anything]?

Is there _____?

(2) 私たちが読める本を何冊かください。

Please give us [read / books / we / that / some / can].

Please give us _____.

(3) これは父が2年前に作ったいすです。 〔宮崎県一改〕

This [made / my father / chair / is / the] two years ago.

This _____ two years ago.

(4) 彼らは私が知らなかったたくさんのことを私に教えてくれました。

They [I / many things / didn't / me / told] know.

They _____ know.

(5) 先週私たちが滞在したホテルはとても古かったです。

[very old / last week / we / was / the hotel / stayed].

_____.

答え合わせが終わったら，音声を聞きましょう。

これで **レベルアップ**

関係代名詞の that の使い方は？

that は who, which と同じように使えるけど，先行詞が
all, every, the only, 序数（first, second など）をふくむ
場合は，that をよく使うよ。

93

第6章

25 間接疑問文

I know why Kakeru looks sad. 〔間接疑問文〕

まず ココ！ 間接疑問文って何？

➡ what, where, when などの疑問詞で始まる文が，ほかの文の中に入った形を，間接疑問文といいます。

➡ 間接疑問文では，疑問詞のあとは〈主語＋動詞〜〉の語順になります。

つぎ ココ！ 間接疑問文の作り方

Why | does | Kakeru | look | sad?

do, does, did は
なくなるよ

3人称・単数・
現在の s をつける

I know | why |　　| Kakeru | looks | sad.

疑問詞＋主語＋動詞〜　カケルがなぜ悲しそうに見えるのか

Where | is | the library?

I know | where | the library | is.

be 動詞の位置に
気をつけよう！

疑問詞＋主語＋動詞〜　図書館がどこにあるのか

まとめ
よう

〈疑問詞＋主語＋動詞 〜〉がほかの文の中に入った形を　　　　　　　　　といいます。

さらに ココ！ 疑問詞が主語の間接疑問文

➡ 疑問詞が主語の疑問文は，もとの疑問文の形が〈疑問詞（＝主語）＋動詞〉の語順なので，間接疑問文になっても語順は変わりません。

Who cooked dinner?　　（だれが夕食を料理しましたか）

主語　　動詞

I know | who | cooked dinner.　　（私はだれが夕食を料理したのか知っています）

疑問詞（＝主語）＋動詞

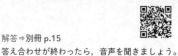

第1章
第2章
第3章
第4章
第5章
第6章

基本問題

解答⇒別冊 p.15
答え合わせが終わったら，音声を聞きましょう。

1 次の（　　）の中に英語を入れましょう。

(1) 私は彼が何をほしいのか知りません。

I don't know （　　　　　）（　　　　　）（　　　　　）.

(2) 私はトムがいつ日本語を勉強し始めたのか知っています。

I know （　　　　　） Tom （　　　　　） studying Japanese.

(3) どうやって駅へ行けばよいのか教えてください。

Please tell me （　　　　　） I should （　　　　　） to the station.

(4) 私はだれがそのコンピュータを使ったのか分かりません。

I don't know （　　　　　）（　　　　　） the computer.

2 次の＿＿＿線部に英語を入れましょう。

〈疑問詞＋主語＋動詞～〉の語順になるよ。

(1) 私は明日，だれがこの車を運転するのか知りません。

I don't know ＿＿＿＿＿＿＿＿＿＿＿＿ this car tomorrow.
　　　　　　　　↳ 運転する：drive

(2) 私たちは彼がどうやって学校に来るのか知っています。

We know ＿＿＿＿＿＿＿＿＿＿＿＿＿＿＿＿＿＿.

(3) 私は母に何を買うべきなのか分かりません。

I don't know ＿＿＿＿＿＿＿＿＿＿＿＿＿＿ for my mother.

 **もう一歩**

助動詞のある間接疑問文の形

間接疑問文で，もとの疑問文に will や can などの助動詞がある場合，〈疑問詞＋主語＋助動詞＋動詞～〉の語順になるよ。

I don't know when Mike will leave.

（私はマイクがいつ出発するのか知りません）

左ページの答 間接疑問文

26 仮定法 ①

まず ココ！ wish を使う仮定法

➡ 「～だったらいいのに」と現実とは異なる，かなわない願望を表すときは仮定法で表します。

➡ 「～だったらいいのに」という仮定法は〈wish（that）＋主語＋（助）動詞の過去形〉の形で表します。

つぎ ココ！ 「～だったらいいのに」の文の作り方

一般動詞を使う文

現実	I don't have a bird. （私は鳥を飼っていません）
願望	I wish I had a bird. （鳥を飼っていたらいいのに） →現実には飼っていない

wish＋主語＋動詞の過去形

be 動詞を使う文

現実	I am not a bird. （私は鳥ではありません）
願望	I wish I were a bird. （私が鳥だったらいいのに）

wish＋主語＋were　be 動詞は，主語が何であっても基本的に were を使うよ

まとめよう

仮定法〈wish（that）＋主語＋動詞〉では，主語の後の（助）動詞は ① ［　　　　　］ を使います。be 動詞を使う文では，主語が何であっても基本的に ② ［　　　　　］ を使います。

さらに ココ！ 助動詞を使う「～だったらいいのに」の文の作り方

➡ 〈wish（that）＋主語＋could[would]＋動詞の原形〉の形で表します。

現実	I can't speak English well. （私は上手く英語を話すことができません）
願望	I wish I could speak English well.

wish＋主語＋could＋動詞の原形

（私が英語を上手に話すことができたらいいのに） →現実には上手く話すことができない

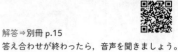

基 本 問 題　解答⇒別冊 p.15
答え合わせが終わったら，音声を聞きましょう。

1 次の日本文に合うように，（　　）に英語を入れましょう。

(1) 私が彼の住所を知っていたらいいのに。

I wish I (　　　　　　　　) his address.
　　　　　　　　　　　　　　住所

(2) 私がもう少し若かったらいいのに。

I wish I (　　　　　　　　) a little younger.
　　　　　　　　　　　　　少し

(3) あなたが日本に来ることができたらいいのに。

I wish you (　　　　　　　) come to Japan.

2 [　　]の中の語句を並べかえて，正しい英文を作りましょう。

(1) 私が試合に勝つことができたらいいのに。

I wish [the game / I / win / could].

I wish _____ .

(2) 今日晴れていたらいいのに。

[sunny / I / it / today / wish / were].

_____ .

(3) 私の兄[弟]が車を持っていたらいいのに。

[wish / had / my brother / a car / I].

_____ .

3 次の英文を日本語にしましょう。

(1) I wish she were my sister.

(　　　　　　　　　　　　　　　　　　　　　　　　　　）

(2) I wish I could go to the amusement park.
　　　　　　　　　　　　　　　　　　　遊園地

(　　　　　　　　　　　　　　　　　　　　　　　　　　）

27 仮定法 ②

If it were sunny, I would go camping. （if を使う仮定法（be 動詞）

まず ココ！ ＞ if を使う仮定法（be 動詞）

➡ 「…であれば〜だろう（に）」と現実と異なることを仮定して言うときは，〈If ＋主語＋be 動詞の過去形（were）〉を使って表します。

➡ 文の後半は，〈主語＋助動詞の過去形＋動詞の原形〜〉の語順になります。

つぎ ココ！ ＞ 「…であれば〜だろう（に）」の文の作り方

起こりうること（直説法）

If it is sunny tomorrow, I will go camping.
未来のことでも現在形 　　　　　　　　　　　（もし明日晴れなら，私はキャンプに行くつもりです）

起こり得ないこと（仮定法）

If it were sunny tomorrow, I would go camping.
be 動詞の過去形（were）　　　　　　　　助動詞の過去形＋動詞の原形

（もし明日が晴れであれば，私はキャンプに行くだろうに）→現実は晴れないし，キャンプに行けない

**まとめ
よう** 「…であれば〜だろう（に）」は，〈If ＋ 主語 ＋ ① ▢（were）〉を使って表します。文の後半は〈主語＋could や would などの ② ▢ ＋動詞の原形〜〉の語順になります。

さらに ココ！ ＞ 「もし私があなたなら〜だろう（に）」の文

➡ 「もし私があなたなら〜だろう（に）」は，〈If I were you, I could[would] ＋ 動詞の原形〜〉の形で表します。

If I were you, I would not do such a thing.
be 動詞の過去形（were）　　　　助動詞の過去形＋動詞の原形

　　　　　　　　　　　　　　　（もし私があなたなら，そんな事はしないでしょう）

If I were you 〜 の文を使うと，その人の立場
になってアドバイスをすることもできるよ。

1 次の日本文に合うように，（　　）に英語を入れましょう。

> 「～できるだろうに」は
> could，「～するだろうに」
> であれば would を使おう。

(1) もし私がよいテニス選手であれば，トーナメントで勝つことができるだろうに。

If I (　　　　　　) a good tennis player,

I could win in the tournament.
トーナメント

(2) もし彼がここにいれば，私たちは彼といっしょに映画を見るだろうに。

If he were here, we (　　　　　　) watch a movie with him.

(3) もし私があなたなら，私は傘を持っていくだろうに。

(　　　　　　) I were you, I would take an umbrella with me.

2 [　　] の中の語句を並べかえて，正しい英文を作りましょう。

(1) もし暑ければ，私は海辺に行くだろうに。

If it [hot / go / the beach / I / to / would / were / ,].

If it _____ .

(2) もし私があなたなら，そのカバンは買わないだろうに。

If I [buy / were / I / that bag / you / wouldn't / ,].

If I _____ .

3 次の英文を日本語にしましょう。

(1) If I were you, I would stay home.

(　　　　　　　　　　　　　　　　　　　　　　　)

(2) If it were sunny today, we could go shopping.

(　　　　　　　　　　　　　　　　　　　　　　　)

28

仮定法 ③

If you had time, we could see a movie. (if を使う仮定法（一般動詞）)

まず ココ！ if を使う仮定法（一般動詞）

➡ 「…であれば〜だろう（に）」という一般動詞を使う仮定法の文は，〈If＋主語＋動詞の過去形〜〉の形になります。

➡ 文の後半は，〈主語＋助動詞の過去形＋動詞の原形〜〉の語順になります。

つぎ ココ！ 「…であれば〜だろう（に）」の文の作り方

起こりうること（直説法）

If you have time, we can see a movie.

現在形

（もしあなたに時間があれば，私たちは映画を見ることができますよ）

起こりえないこと（仮定法）

If you had time, we could see a movie.

動詞の過去形　　助動詞の過去形＋動詞の原形

（もしあなたに時間があれば，私たちは映画を見ることができるだろうに）

→現実には時間がなく，映画を見ることができない

まとめよう ✎ 「…であれば〜だろう（に）」という一般動詞を使う仮定法は，〈If＋主語＋

[　　　　　　　　]〜〉を使って表します。

さらに ココ！ 仮定法の疑問文

➡ 仮定法の疑問文は〈If＋主語＋動詞の過去形，（疑問詞＋）could［would］＋主語＋動詞の原形？〉の形で表すことができます。

疑問文 **If you had five hundred thousand yen, what would you do?**

（もしあなたが 50 万円持っていれば，あなたは何をするでしょうか）

— **I would study English in Canada for a month.**

（私は 1 ヶ月間カナダで英語を勉強するでしょう）

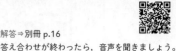

基本問題

解答⇒別冊 p.16
答え合わせが終わったら，音声を聞きましょう。

1 次の日本文に合うように，（　　）に英語を入れましょう。

(1) もし私に時間があれば，ホストファミリーに会いに行くだろうに。

If I (　　　　　　　) time, I would go to see my host family.
ホストファミリー

(2) もし私がスマートフォンを持っていれば，彼に電話するのに。

If I (　　　　　　　) a smartphone, I would call him.

2 [　　]の中の語句を並べかえて，正しい英文を作りましょう。

(1) もし私がオーストラリアに住んでいれば，そこで羊を飼うだろうに。

If I [in Australia / I / there / sheep / lived / would / have /,].
羊

If I _____.

(2) もし私の姉が車を持っていれば，私を山まで連れて行ってくれるだろうに。

If my sister [me / a car / would / she / to the mountain / had / take / ,].

If my sister _____.

(3) もし彼が熱心に練習すれば，チームのメンバーになれるだろうに。

If he [hard / a member of / could / he / the team / practiced / become / ,].

If he _____.

3 次の英文を日本語にしましょう。

(1) If she had a dictionary, she could study English alone.
1人で

(　　　　　　　　　　　　　　　　　　　　　　　　)

(2) If I had enough money, I would buy a car.
十分な

(　　　　　　　　　　　　　　　　　　　　　　　　)

左ページの答 動詞の過去形

101

29 仮定法のまとめ

まず ココ！ 仮定法とは

➡ 「～だったらいいのに」や「…であれば～だろう（に）」と，現実と異なることを仮定して言うときは，仮定法を使って表します。

「～だったらいいのに」という仮定法は〈wish（that）＋主語＋（助）動詞の過去形〉の形で表します。

➡ 「…であれば～だろう（に）」という仮定法は〈If＋主語＋be動詞の過去形（were）〉や〈If＋主語＋動詞の過去形〉を使って表します。

➡ 仮定法では，主語が何であっても be 動詞は基本的に were を使います。

つぎ ココ！ 仮定法の文の作り方

> 「～だったらいいのに」
>
> **I wish I were young.** （私が若かったらいいのに）
>
> wish ＋主語＋動詞の過去形
>
> 「…であれば～だろうに」
>
> **If I were you, I would study harder.**
>
> If＋主語＋be動詞の過去形（were）　　　　（もし私があなたなら，もっと熱心に勉強するだろうに）
>
> **If I had time, I would relax at home.**
>
> If＋主語＋動詞の過去形　　　　（もし私に時間があれば，家でリラックスするだろうに）

まとめよう

「～だったらいいのに」は，〈①[＿＿＿＿＿]（that）＋主語＋（助）動詞の過去形〉を使って表します。「…であれば～だろうに」は〈②[＿＿＿＿＿]＋主語＋動詞の過去形〉を使って表します。be動詞を使う文では基本的に③[＿＿＿＿＿]を使います。

さらに ココ！ 仮定法の疑問文の作り方

> 疑問文　**If you were me, what would you say to Ken?**
>
> （もしあなたが私なら，ケンに何と言うでしょうか）

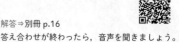

基本問題

解答⇒別冊 p.16
答え合わせが終わったら，音声を聞きましょう。

1 次の日本文に合うように，（　　）に英語を入れましょう。

(1) もし私があなたの好きな食べ物を知っていれば，あなたにそれを作ってあげられるだろうに。

If I （　　　　　　　） your favorite food, I （　　　　　　　） cook it for you.

(2) 今日が晴れならいいのに。

I （　　　　　　　） it （　　　　　　　） sunny today.

(3) もし私があなたなら，あの本をすぐに買うだろうに。

If I （　　　　　　　） you, I would （　　　　　　　） that book right away.
<u>すぐに</u>

(4) 彼が私たちといっしょに来ることができたらいいのに。

I wish he （　　　　　　　）（　　　　　　　） with us.

2 [　　] の中の語句を並べかえて，正しい英文を作りましょう。

(1) 私が父のコンピューターを使うことができたらいいのに。

[wish / could / my father's / use / I / computer / I].

_____ .

(2) もし私に十分な時間があれば，その本を読み終わることができるだろうに。

[I / finish / I / could / had / <u>enough time</u> / if / the book /
十分な
reading / ,].

_____ .

(3) もし私の家がもっと大きければ，たくさんの犬を飼うだろうに。

[my house / many / have / were / dogs / if / would /
bigger / I / ,].

_____ .

左ページの答　①wish　②If　③were

1 次の（　）の中に英語を入れましょう。（7点×4＝28点）

(1) 旅行できたらいいのに。

I （　　　　　） I （　　　　　） travel.

(2) 私は最寄り駅がどこか知りたいです。

I want to know （　　　　　） <u>the nearest station</u> （　　　　　）.
最寄り駅

(3) もし彼がここにいれば，私たちは彼とたくさん話せるだろうに。

If he （　　　　） here, we （　　　　） talk with him a lot.

(4) もし私が空腹であれば，あなたといっしょにケーキを食べるだろうに。

If I （　　　　） hungry, I （　　　　） eat some cake with you.

2 次の英文を日本語にしましょう。（8点×3＝24点）

(1) I wish I were in Australia now.

（　　　　　　　　　　　　　　　　　　　　　　　）

(2) If I didn't have my homework, I could go with you.

（　　　　　　　　　　　　　　　　　　　　　　　）

(3) Do you know why she looks very happy?

（　　　　　　　　　　　　　　　　　　　　　　　）

中1·2の復習

第1章

第2章

第3章

第4章

第5章

第6章

◎ 間接疑問文では, 疑問詞のあとが肯定文〈主語＋動詞～〉の語順になるよ。do, does, did は使わないから, 疑問詞のあとが3人称・単数・現在の文や過去の文のときは, 動詞の形に注意しよう！

◎ 仮定法では, 主語のあとの(助)動詞は過去形を使うよ。be 動詞は基本的に were を使うよ。

3 [ ]の中の語句を並べかえて, 正しい英文を作りましょう。(8点×4＝32点)

(1) 私たちは放課後どこで空手を練習すべきか知りません。

[after school / practice / know / we / we / where / don't / should / karate].

_____ .

(2) もし私があなたなら, とても驚くだろう。

[you / I / be / were / very / would / surprised / if / I / ,].

_____ .

(3) もしあなたが駅にいれば, その電車に乗れるだろうに。

[were / that train / if / you / you / at the station / take / could / ,].

_____ .

(4) 私たちがここにもっと長く滞在できたらいいのに。

[here / wish / stay / we / we / could] longer.

_____ longer.

4 次の日本文を英語にしましょう。(8点×2＝16点)

(1) 私の姉たちは母が誕生日に何をほしいか知りたいと思っています。

_____
➡ 彼女の誕生日に：for her birthday

(2) 英語がもっと上手く話せたらいいのに。

_____
➡ もっと上手く：better   答え合わせが終わったら, 音声を聞きましょう。

① 相手が不在で，伝言を残す

大切な表現

I'm sorry, he is out.
（ごめんなさい，
彼は出かけているんです。）

電話で，相手が話したかった人が外出中であると伝えるときの表現

Do you want him
　to call you back?
（彼にかけなおしてもらいたいですか。）

相手が話したかった人に，電話をかけなおしてもらいたいかたずねるときの表現

Can I leave a message?
（伝言を残してもいいですか。）

電話で伝言を残したいと伝えるときの表現

Can I take a message?
（伝言をあずかりましょうか。）

電話で伝言があるかたずねるときの表現

I'll call back later.
（あとでかけなおします。）

電話で用件を言わずに，かけなおすと伝えるときの表現

⊙ **次のようなとき，どのように言いますか。英語で書きましょう。**

(1) 兄あてに電話があったが，出かけていると相手に言うとき。

_____

(2) 兄に電話をかけなおしてもらいたいかたずねるとき。

_____

(3) 電話で伝言を残したいと伝えるとき。

_____

(4) 電話で伝言があるかたずねるとき。

_____

(5) 電話で話したい相手がいなかったので，あとでかけなおすと言うとき。

_____

答え合わせが終わったら，音声を聞きましょう。

② 交通手段をたずねる・道案内

大切な表現

Excuse me.
（すみません。）　　　　　　　　　道をたずねるときなどで知らない人に
声をかけるときの表現

**Could you tell me
how to get to the station?**
（駅への行き方を　　　　　　　　　目的地までの行き方をていねいにたず
教えていただけませんか。）　　　　ねるときの表現

**Could you tell me
the way to the library?**
（図書館への行き方を教えていただけませんか。）　目的地までの行き方をていねいにたずね
るときの，もう１つの表現

**Take the Chuo Line
to Kita Station
and change trains there.**
（北駅まで中央線に乗って，　　　　電車の乗りかえについて教えるときの
そこで乗りかえてください。）　　　　表現

⊙ **次のようなとき，どのように言いますか。英語で書きましょう。**

(1) 道をたずねるために「すみません。」と声をかけるとき

_____

(2) 「駅への行き方を教えていただけませんか。」とたずねるとき（2通り）

・_____

・_____

(3) 「北駅(Kita Station)まで中央線(the Chuo Line)に乗って，そこで乗りかえて
ください。」と教えるとき

_____

_____

答え合わせが終わったら，音声を聞きましょう。

❸ 道を説明する

大切な表現

Man : Excuse me.　Could you tell me the way to the hospital?
（すみません。病院への行き方を教えていただけませんか。）

Ken : Well, go two blocks and turn left at the bank.
（ええと、2ブロック進んで銀行を左に曲がってください。）

Man : Turn left at the bank.
（銀行を左ですね。）

Ken : Yes.　You'll see it on your right.
（はい。右側に見えますよ。）

病院

銀行

⊙ 次のようなとき，どのように言いますか。英語で書きましょう。

(1) 「銀行への行き方を教えていただけませんか。」とたずねるとき。

_____

(2) 「3ブロック進んで病院を右に曲がってください。」と答えるとき。

_____

(3) 「左側に見えますよ。」と答えるとき。

_____

答え合わせが終わったら，音声を聞きましょう。

❹ 店で衣類を買う

大切な表現

May I help you? ....
（いらっしゃいませ。
［お手伝いしましょうか。］）
店員が，最初に客に声をかけるときの表現

I'm looking for a shirt. ....
（シャツを探しています。）
自分が探しているものを店員に伝えるときの表現

How about this? ....
（これはいかがですか。）
店員が，客に商品をすすめるときの表現

This shirt is too small. ....
（このシャツは小さすぎます。）
すすめられた商品のサイズが合わなかったときの表現

I'll take it. ....
（これにします。）
商品を買うと決めたときの表現

⊙ **次のようなとき，どのように言いますか。英語で書きましょう。**

(1) 店員が店に入ってきた客に声をかけるとき。

_____

(2) 帽子を探していると店員に伝えるとき。

_____

(3) 「これはいかがですか。」と客にすすめるとき。

_____

(4) すすめられた帽子が大きすぎたとき。

_____

(5) 商品を買うと決めたとき。

_____

答え合わせが終わったら，音声を聞きましょう。

❺ レストランで

大切な表現

May I take your order? （ご注文をうかがってもよろしいですか。）	店員が，客に注文を聞くときの表現
Yes, please. （はい，お願いします。）	May I take your order? に対して， 「はい」と答えるときの表現
I'll have the steak and the tomato soup. （ステーキとトマトスープを お願いします。）	注文の内容を伝えるときの表現
Anything else? （ほかにございますか。）	ほかに注文があるか確認するときの表現
No, thank you. （いいえ，けっこうです。）	Anything else? に対して，もう注文は ないと答えるときの表現

⊙ **次のようなとき，どのように言いますか。英語で書きましょう。**

(1) 客に注文を聞くとき。

_____

(2) (1)に答えて，「はい，お願いします。」と言うとき。

_____

(3) 「ステーキとサラダ（the salad）をください。」と言うとき。

_____

(4) ほかに注文があるかたずねるとき。

_____

(5) (4)に答えて，もう注文はないと言うとき。

_____

答え合わせが終わったら，音声を聞きましょう。

❻ ていねいな依頼・勧誘・申し出など

大切な表現

Would you like some tea? （お茶はいかがですか。）	何かをすすめるときの表現で，ていねいな言い方
Yes, please. （はい，お願いします。）	相手のすすめに「はい」と答えるときの表現
Would you like to eat some cake? （ケーキを食べたいですか。）	何かをすすめるときの表現で，ていねいな言い方
Yes, I'd like to. （はい，食べたいです。）	Would you like to 〜? というすすめに「はい」と答えるときの表現
No, thank you. （いいえ，けっこうです。）	相手のすすめを断るときの表現
Why don't we go to the movie? （映画に行きませんか。）	相手を誘ったり，提案するときの表現

◉ **次のようなとき，どのように言いますか。英語で書きましょう。**

(1) 「コーヒー（some coffee）はいかがですか。」と相手にすすめるとき。

_____

(2) 「ケーキ（some cake）を食べたいですか。」と相手にすすめるとき。

_____

(3) (2)に答えて，「はい，食べたいです。」と言うとき。

_____

(4) (2)に答えて，「いいえ，けっこうです。」と断るとき。

_____

(5) 「ハンバーガーを食べませんか。」と相手を誘うとき。

_____

答え合わせが終わったら，音声を聞きましょう。

1 次の（　　）の中に英語を入れましょう。（7点×4＝28点）

(1) 私はちょうど宿題を終わらせたところです。

I have（　　　　　　）finished my homework.

(2) 英語は世界中で話されます。

English（　　　　　　）（　　　　　　　）all over the world.

(3) 私たちが見つけたこの手紙はとても古いです。

This letter（　　　　　　）（　　　　　　　）is very old.

(4) そのイヌはあまりに眠たいので目を開けることができません。

The dog is（　　　　　　）sleepy that it（　　　　　　）open its eyes.

2 [　　]の中の語句を並べかえて，正しい英文を作りましょう。（7点×3＝21点）

(1) 彼女はコンピュータの使い方を学びました。

[to / computer / she / learned / how / use / a].

_____ .

(2) 私は今何時か分かりません。

[it / know / don't / I / time / is / what] now.

_____ now.

(3) 母は私に部屋をそうじするようにいいました。

[me / my mother / the / told / room / clean / to].

_____ .

3 次の英文を読んで，各問いに答えましょう。

　　We can get food and *clothes easily.　We think it is *natural.　But some people in other countries can't get ①them easily.　They need our *help.　②We mustn't forget these people and should help them as much （　③　） we （　④　）.

*clothes：衣類　　natural：当然の　　help：助け

(1)　下線部①が指す語句を本文中からぬき出して書きましょう。（7点）

_____

(2)　下線部②を日本語にしましょう。（7点）

（　　　　　　　　　　　　　　　　　　　　　　　　　　　　　）

(3)　空所③，④にあてはまる語を書きましょう。（完答8点）

　　③（　　　　　　　）　　④（　　　　　　　）

(4)　本文の内容にあうように，（　　）の中に英語を入れましょう。（完答8点）

　　（　　　　　　　　） is difficult （　　　　　　　） some people （　　　　　　　） get food and clothes.

4 次の日本文を英語にしましょう。（7点×3＝21点）

(1)　私が泳げたらいいのに。

_____

(2)　彼はポール（Paul）より背が高いと私は思います。

_____

(3)　彼女はその知らせを聞いて驚きました。

_____

答え合わせが終わったら，音声を聞きましょう。

実力テスト ②

1 次の（　　）の中に英語を入れましょう。（7点×4＝28点）

(1) 彼は2度，日本を訪れたことがあります。

He（　　　　　）（　　　　　　　　）Japan（　　　　　　）.

(2) この机は私の父によって作られました。

This desk（　　　　　　）（　　　　　　　）（　　　　　　　）my father.

(3) そこで走っているその少年はアキラです。

The boy（　　　　　　）（　　　　　　　）（　　　　　　　）there is Akira.

(4) もし私があなたなら，海外へ旅行するだろうに。

If I（　　　　　　）you, I（　　　　　　）travel abroad.
海外へ

2 ［　　］の中の語句を並べかえて，正しい英文を作りましょう。（7点×3＝21点）

(1) アメリカで話されている言語は英語です。

[in / language / is / spoken / English / America / the].

_____.

(2) 彼女は何回，沖縄へ行ったことがありますか。

[times / she / Okinawa / how / has / many / visited]?

_____?

(3) 彼女は私に窓を開けるよう頼みました。

[me / she / the window / asked / to / open].

_____.

3 次の英文を読んで，各問いに答えましょう。（6点×5＝30点　(2)完答）

Aya　：①すみません。　Could you tell me ②(　　)(　　) to the station?

Man　：Well, go straight and turn (　A　) at the second corner.

Aya　：I turn (　B　) at the bank, right?

Man　：That's right.　You'll see it on your (　C　).

Aya　：Thank you very much.

(1)　下線部①の日本文を英語にしましょう。

_____

(2)　下線部②の(　　)に英語を入れましょう。

(　　　　　　)(　　　　　　)

(3)　右の地図を見て，本文中のA〜Cの(　　)に入る英語を書きましょう。

A (　　　　　) B (　　　　　)

C (　　　　　)

```
                    ┌──────┐
                    │ 公園 │
        ┌────┐  ┌──────┐
   ☖    │ 本 │  │ 病院 │
        └────┘  └──────┘
        ┌──────┐ ┌────┐
        │ 銀行 │ │ 駅 │
        └──────┘ └────┘
```

4 次の日本文を英語にしましょう。（7点×3＝21点）

(1)　彼は一度も東京に行ったことがありません。

_____

(2)　その知らせは私たちを悲しくさせました。

_____

(3)　私はその店で何を買えばよいかわかりません。

_____

_____

答え合わせが終わったら，音声を聞きましょう。

実力テスト ③

1 次の（　　）の中に英語を入れましょう。（7点×4＝28点）

(1) 彼女は3時間ずっとその本を読んでいます。

She has （　　　　　）（　　　　　　　） the book （　　　　　　） three hours.

(2) とても速く泳いでいる男の子はだれですか。

Who is the （　　　　　）（　　　　　　） very fast?

(3) 彼らはあまりに疲れていて夕食を作ることができませんでした。

They were （　　　　　） tired （　　　　　　） make dinner.

(4) もし私がイヌを飼っていたら，一日中いっしょに遊ぶだろうに。

If I （　　　　　） a dog, I （　　　　　　） play with it all day.
一日中

2 ［　　］の中の語句を並べかえて，正しい英文を作りましょう。（7点×3＝21点）

(1) 私たちが昨日訪れた動物園には多くの動物がいました。

[that / we / many animals / yesterday / visited / the zoo / had].

_____ .

(2) あなたは何回その映画を見ましたか。

[watched / have / times / the movie / how / you / many]?

_____ ?

(3) 私たちの先生は，早起きすることはよいと言いました。

[getting up / good / that / us / told / our teacher / was / early].

_____ .

3 次の英文を読んで，各問いに答えましょう。

　　Hi, I'm Aoi Kawase. Please look at this picture. This is a bag (① make) of old *kimono*. My grandmother made it. ②She has used her *kimono* │for 10 years│. It became old, so she decided to *remake it into a bag. My grandmother tries to *reuse things. She said, ③it is important to think about the future. Next week, she is going to remake her *kimono* into a bag again. If you want to make ④one, please come to my house.

* 〜を…に作り直す：remake 〜 into …　　再利用する：reuse

(1)　(①)内の英語を適切な形になおしましょう。(7点)　　　　(　　　　　)

(2)　下線部②の│　　│が答えの中心になる疑問文を作りましょう。(8点)

_____

(3)　下線部③を日本語にしましょう。(8点)

(　　　　　　　　　　　　　　　　　　　　　　　　　　　　)

(4)　下線部④が指す語句を本文中から2語でぬき出して書きましょう。(7点)

_____　_____

4 次の日本文を英語にしましょう。(7点×3＝21点)

(1)　机の下にいるネコは2歳です。

_____

(2)　今日は私に昼食を作らせてください。

_____

(3)　あなたはもうレポートを書きましたか。

_____
┗▶ レポート：report　　　　　　　　　　　　答え合わせが終わったら，音声を聞きましょう。

不規則動詞活用表

原形	現在形	過去形	過去分詞	ing 形
be 〜である，〜にいる[ある]	am / are / is	was / were	been	being
become 〜になる	become(s)	became	become	becoming
buy 〜を買う	buy(s)	bought	bought	buying
come 来る	come(s)	came	come	coming
do 〜をする	do / does	did	done	doing
eat 〜を食べる	eat(s)	ate	eaten	eating
find 〜を見つける	find(s)	found	found	finding
get 〜を手に入れる	get(s)	got	got /gotten	getting
give 〜を与える	give(s)	gave	given	giving
go 行く	go(es)	went	gone	going
have 〜を持っている	have / has	had	had	having
hear 〜を聞く	hear(s)	heard	heard	hearing
know 〜を知っている	know(s)	knew	known	knowing

原形	現在形	過去形	過去分詞	ing 形
leave 〜を去る	leave(s)	left	left	leaving
make 〜を作る	make(s)	made	made	making
meet 〜に会う	meet(s)	met	met	meeting
read 〜を読む	read(s)	read	read	reading
run 走る	run(s)	ran	run	running
say 〜と言う	say(s)	said	said	saying
see 〜を見る	see(s)	saw	seen	seeing
send 〜を送る	send(s)	sent	sent	sending
speak 〜を話す	speak(s)	spoke	spoken	speaking
take 〜を持っていく	take(s)	took	taken	taking
teach 〜を教える	teach(es)	taught	taught	teaching
tell 〜を伝える	tell(s)	told	told	telling
think 〜と思う	think(s)	thought	thought	thinking
write 〜を書く	write(s)	wrote	written	writing

装丁デザイン　ブックデザイン研究所
本文デザイン　A.S.T DESIGN
　　イラスト　ホンマヨウヘイ

本書に関する最新情報は, 小社ホームページにある**本書の「サポート情報」**をご覧ください。(開設していない場合もございます。) なお, この本の内容についての責任は小社にあり, 内容に関するご質問は直接小社におよせください。

中 1~3 基礎からわかりやすく 英語ノート

編 著 者	中学教育研究会	発 行 所	受験研究社
発 行 者	岡 本 明 剛		
印 刷 所	岩 岡 印 刷		© 株式会社 増進堂・受験研究社

〒 550-0013 大阪市西区新町2丁目19番15号

注文・不良品などについて：(06)6532-1581(代表)／本の内容について：(06)6532-1586(編集)

注意 本書を無断で複写・複製(電子化を含む)
　　 して使用すると著作権法違反となります。

Printed in Japan　髙廣製本
落丁・乱丁本はお取り替えします。

ひっぱると，はずして使えます。

中1~3

基礎からわかりやすく

英語ノート

解答

受験研究社

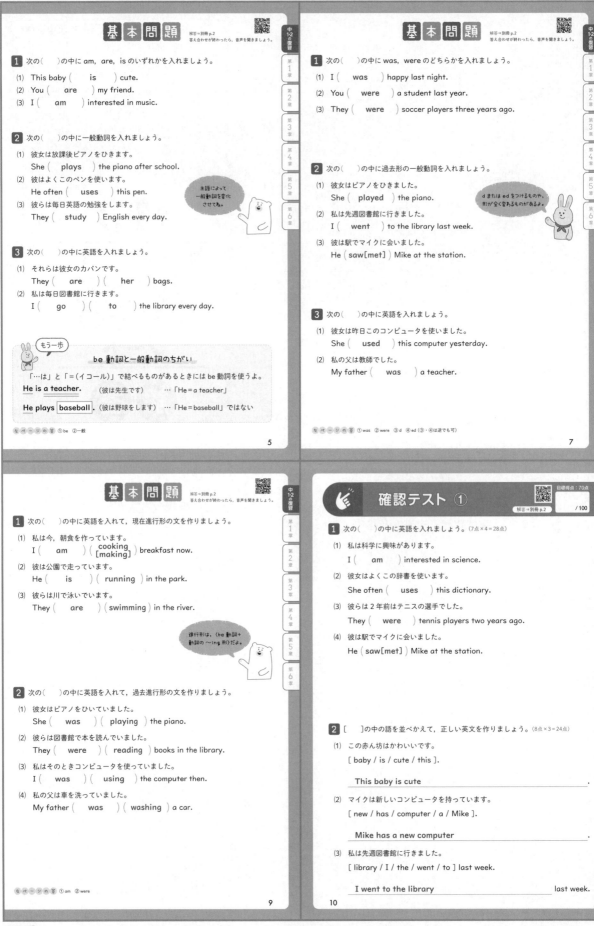

基本問題

解答⇒別冊 p.2
答え合わせが終わったら、音声を聞きましょう。

1 次の（　）の中に am, are, is のいずれかを入れましょう。

(1) This baby (is) cute.
(2) You (are) my friend.
(3) I (am) interested in music.

2 次の（　）の中に一般動詞を入れましょう。

(1) 彼女は放課後ピアノをひきます。
She (plays) the piano after school.
(2) 彼はよくこのペンを使います。
He often (uses) this pen.
(3) 彼らは毎日英語の勉強をします。
They (study) English every day.

> 主語によって一般動詞を変化させてね。

3 次の（　）の中に英語を入れましょう。

(1) それらは彼女のカバンです。
They (are) (her) bags.
(2) 私は毎日図書館に行きます。
I (go) (to) the library every day.

> もう一歩
>
> **be 動詞と一般動詞のちがい**
>
> 「…は」と「＝（イコール）」で結べるものがあるときには be 動詞を使うよ。
> **He is a teacher.** （彼は先生です） …「He＝a teacher」
> **He plays baseball** . （彼は野球をします） …「He＝baseball」ではない

左ページの答 ①be ②一般

5

基本問題

解答⇒別冊 p.2
答え合わせが終わったら、音声を聞きましょう。

1 次の（　）の中に was, were のどちらかを入れましょう。

(1) I (was) happy last night.
(2) You (were) a student last year.
(3) They (were) soccer players three years ago.

2 次の（　）の中に過去形の一般動詞を入れましょう。

(1) 彼女はピアノをひきました。
She (played) the piano.
(2) 私は先週図書館に行きました。
I (went) to the library last week.
(3) 彼は駅でマイクに会いました。
He (saw[met]) Mike at the station.

> d または ed をつけるものや、形が全く変わるものがあるよ。

3 次の（　）の中に英語を入れましょう。

(1) 彼女は昨日このコンピュータを使いました。
She (used) this computer yesterday.
(2) 私の父は教師でした。
My father (was) a teacher.

左ページの答 ①was ②were ③d ④ed（③・④は逆でも可）

7

基本問題

解答⇒別冊 p.2
答え合わせが終わったら、音声を聞きましょう。

1 次の（　）の中に英語を入れて、現在進行形の文を作りましょう。

(1) 私は今、朝食を作っています。
I (am) (cooking[making]) breakfast now.
(2) 彼は公園で走っています。
He (is) (running) in the park.
(3) 彼らは川で泳いでいます。
They (are) (swimming) in the river.

> 進行形は、〈be 動詞＋動詞の ～ing 形〉だよ。

2 次の（　）の中に英語を入れて、過去進行形の文を作りましょう。

(1) 彼女はピアノをひいていました。
She (was) (playing) the piano.
(2) 彼らは図書館で本を読んでいました。
They (were) (reading) books in the library.
(3) 私はそのときコンピュータを使っていました。
I (was) (using) the computer then.
(4) 私の父は車を洗っていました。
My father (was) (washing) a car.

左ページの答 ①am ②were

9

確認テスト ①

目標得点：70点
解答⇒別冊 p.2
/ 100

1 次の（　）の中に英語を入れましょう。(7点×4＝28点)

(1) 私は科学に興味があります。
I (am) interested in science.
(2) 彼女はよくこの辞書を使います。
She often (uses) this dictionary.
(3) 彼らは 2 年前はテニスの選手でした。
They (were) tennis players two years ago.
(4) 彼は駅でマイクに会いました。
He (saw[met]) Mike at the station.

2 [　]の中の語を並べかえて、正しい英文を作りましょう。(8点×3＝24点)

(1) この赤ん坊はかわいいです。
[baby / is / cute / this].
　This baby is cute　　　　　　　　　　　　　　.

(2) マイクは新しいコンピュータを持っています。
[new / has / computer / a / Mike].
　Mike has a new computer　　　　　　　　　　.

(3) 私は先週図書館に行きました。
[library / I / the / went / to] last week.
　I went to the library　　　　　　　　　last week.

10

● be 動詞は am / are / is / was / were のことで，一般動詞は思いや体の動きを表すことばだよ。
● 主語が 3 人称・単数のときは，一般動詞に s または es をつけよう。
● 一般動詞の過去形は，主語が何でも形は同じだよ。不規則動詞に気をつけよう。

3 次の英文を日本語にしましょう。(8点×3＝24点)

(1) She plays the piano after school.
（ 彼女は放課後ピアノをひきます。 ）

(2) They are her bags.
（ それらは彼女のカバンです。 ）

(3) I am cooking breakfast now.
（ 私は今，朝食を料理して[作って]います。 ）

4 次の英文を( )の中の指示にしたがって書きかえましょう。(8点×3＝24点)

(1) He runs in the park. （現在進行形に）
He is[He's] running in the park.

(2) They study English every day. （下線部を yesterday にかえて）
They studied English yesterday.

(3) This flower is very beautiful. （下線部を These flowers にかえて）
These flowers are very beautiful.

答え合わせが終わったら，音声を聞きましょう。

これで レベルアップ

be 動詞と一般動詞って何？

英語の動詞には，be 動詞と一般動詞があるよ。be 動詞は am / are / is / was / were のことで，be 動詞以外の動詞，play や swim などを一般動詞というよ。

11

基 本 問 題　解答→別冊 p.3
答え合わせが終わったら，音声を聞きましょう。

1 次の( )の中に英語を入れましょう。

(1) 私は北海道を訪れるつもりです。
I (am)(going)(to) visit Hokkaido.

(2) 彼はよい医者になるでしょう。
He (will)(be [become]) a good doctor.

(3) 彼女は公園でテニスをするつもりです。
She (is)(going)(to) play tennis in the park.

(4) あなたは図書館に行くつもりですか。― いいえ，行きません。
(Will) you (go) to the library?
― No, I (won't).

be going to か will を使うよ。

2 次の日本文を英語にしましょう。[ ]の中の語数にしましょう。

(1) 私の父は来週このコンピュータを使うでしょう。[8 語]
My father will use this computer next week.

(2) 明日は雨でしょう。[4 語]
It will rain tomorrow. [It'll be rainy tomorrow.]

(3) 彼は来週テレビを見ないでしょう。[6 語]
He won't watch TV next week.

左ページの答 ①going ②will

13

基 本 問 題　解答→別冊 p.3
答え合わせが終わったら，音声を聞きましょう。

1 次の( )の中に英語を入れましょう。

(1) 彼は上手にピアノをひくことができます。
He (can)(play) the piano well.

(2) このペンを使ってもいいですか。
(May[Can])(I) use this pen?

「～してもいいですか」は，2 つの表現ができるよ。

(3) 彼女はこの車を洗わなければなりません。
She (has)(to) wash this car.

(4) 私を手伝ってくださいませんか。
(Could)(you) help me?

2 次の英文を日本語にしましょう。

(1) You must do your homework now.
（ あなたは今，宿題をしなければなりません。 ）

(2) You must not run in this park.
（ あなたはこの公園で走ってはいけません。 ）

(3) Could you clean my room?
（ 私の部屋をそうじしてくださいませんか。 ）

もう一歩

May I ～? と Can I ～?

「～してもいいですか」という表現には，May I ～? のほかに Can I ～? も使うことができるよ。May I ～? は目上の人に使うようなていねいな感じで，Can I ～? というと，友だちとか気軽に話せる人に使うよ。

左ページの答 ①could ②had

15

基 本 問 題　解答→別冊 p.3
答え合わせが終わったら，音声を聞きましょう。

1 次の( )の中に英語を入れましょう。

(1) 英語を話しなさい。
(Speak) English.

(2) 走ってはいけません。
(Don't)(run).

be 動詞の命令文は，Be ～. だよ。

(3) 買い物に行きましょう。
(Let's)(go) shopping.

(4) 妹に親切にしなさい。
(Be)(kind) to your sister.

2 次の英文を( )の中の指示にしたがって書きかえましょう。

(1) You do your homework. （命令文に）
Do your homework.

(2) You use this computer. （否定の命令文に）
Don't[Do not] use this computer.

もう一歩

Be kind. の be はなぜ必要なの？

be は be 動詞の原形だったね。kind は「親切な」という意味の形容詞なんだよ。形容詞とは，「長いえんぴつ」の「長い」や「背が高い人」の「背が高い」など，ものや人のようすを説明する語だったね。形容詞は be 動詞とくっついて 1 つの文を作るよ。Be kind. は You are kind. の文の主語 you をとって，be 動詞 are を原形の be にしたものなんだ。

左ページの答 ①動詞 ②don't

17

確認テスト ②

目標得点：70点

解答→別冊 p.4

/100

1 次の（　）の中に英語を入れましょう。（完答6点×7＝42点）

(1) 明日はくもりでしょう。 　　　　　　　　　　　　［島根県一改］
It （ will ）（ be ） cloudy tomorrow.
くもりの

(2) 彼はこの本を読むことができました。
He （ could ）（ read ） this book.

(3) 彼女はこの車を洗わなければなりません。
She （ has ）（ to ） wash this car.

(4) 私は3時にここにいるでしょう。 　　　　　　　　［愛知県一改］
I （ will ）（ be ）（ here ） at three.

(5) マイクは上手にピアノをひくことができます。
Mike （ can ）（ play ） the piano well.

(6) もう一度言っていただけませんか。
（ Could ）（ you ） say that again?

(7) あなたのコンピュータを使ってもよいですか。
（ May [Can] ）（ I ） use your computer?

2 次の英文を（　）の中の指示にしたがって書きかえましょう。（7点×3＝21点）

(1) You must speak English here. （否定文に）
You mustn't[must not] speak English here.

(2) He must go to the park. （過去の文に）
He had to go to the park.

(3) She will watch a movie tomorrow.
（be going to を使ってほぼ同じ意味の英文に）
She is[She's] going to watch a movie tomorrow.

18

● 助動詞は主語が何でも形は変わらず，後ろには動詞の原形がくるよ。
● have to は主語が3人称・単数で現在の文では has to に，過去の文では had to になるよ。
● 〈Let's＋動詞の原形 ～．〉は「～しましょう」という意味だよ。

3 ［　］の中の語を並べかえて，正しい英文を作りましょう。（9点×3＝27点）

(1) 窓を開けてはいけません。 　　　　　　　　　　　［富山県］
[open / window / don't / the].
Don't open the window .

(2) 私はいっしょうけんめいサッカーを練習するつもりです。
[soccer / I / going / am / to / practice] hard.
I am going to practice soccer hard.

(3) あなたは明日，学校へ行く必要はありません。 　　［富山県一改］
[go / you / to / have / don't] to school tomorrow.
You don't have to go to school tomorrow.

4 次のイラストの吹き出しに入る英文を＿＿線部に書きましょう。（10点）

Ken： Let's play tennis 　　　　　　　　　　　　 , Jack.
答え合わせが終わったら，音声を聞きましょう。

これで レベルアップ

「～かもしれない」は，英語でどう表すの？

助動詞 may を使うよ。may には，「～かもしれない」という意味のほかに，「～してもよい」という意味もあるよ。

19

基本問題

解答→別冊 p.4
答え合わせが終わったら，音声を聞きましょう。

1 次の（　）の中に英語を入れましょう。

(1) 私は映画を見るのが好きです。
I （ like ）（ to ） watch movies.

(2) 彼女にはすべき宿題がたくさんあります。
She has a lot of （ homework ）（ to ）（ do ）.

(3) 彼は英語を勉強しにカナダへ行きました。
He went to Canada （ to ）（ study ） English.

(4) 私の仕事は音楽を教えることです。
My job is （ to ）（ teach ） music.

不定詞の to の あとには，動詞 の原形がくるよ。

2 ［　］の中の語句を並べかえて，正しい英文を作りましょう。

(1) 彼らは買い物に行きたがっています。
[want / go / they / to / shopping].
They want to go shopping .

(2) 京都には訪問する場所がたくさんあります。
[has / a lot of / to / Kyoto / places / visit].
Kyoto has a lot of places to visit .

(3) トムはテレビを見るために早く家に帰りました。
[home / to / TV / Tom / early / went / watch].
Tom went home early to watch TV .

(4) 私はその本が見つかってうれしかったです。
[was / I / find / to / the book / happy].
I was happy to find the book .

左ページの答 ①副詞 ②形容詞 ③名詞

21

基本問題

解答→別冊 p.4
答え合わせが終わったら，音声を聞きましょう。

1 次の＿＿線部に英語を入れましょう。

(1) 私は音楽を聞くのが好きです。
I like to 　　　　　　　　　　 listen to music.

(2) 私たちは川で泳ぐのを楽しみました。
We enjoyed swimming 　　　　　　　　　　 in the river.

(3) 彼女は宿題をし終えました。
She finished (doing) 　　　　　　　　　　 her homework.

(4) 料理をすることは楽しいです。
Cooking[To cook] is 　　　　　　　　　　 fun.

動詞のあとに不定詞と動名詞のどちらを使うか考えてね。

2 次の（　）の中に英語を入れましょう。

(1) 私は公園でサッカーをしたいです。
I （ want ）（ to ）（ play ） soccer in the park.

(2) 彼はテレビを見るのをやめました。
He （ stopped ）（ watching ） TV.

(3) その赤ちゃんは泣き出しました。
The baby began （ crying ）.

左ページの答 ①主語 ②目的語

23

解答●4

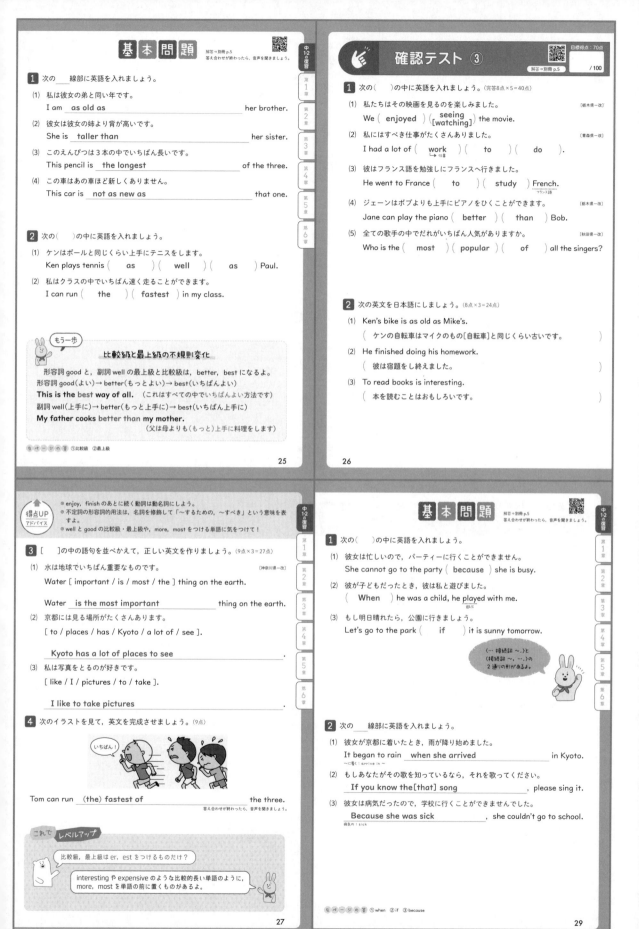

基本問題

解答→別冊 p.5
答え合わせが終わったら、音声を聞きましょう。

1 次の＿＿線部に英語を入れましょう。

(1) 私は彼女の弟と同い年です。
I am ＿as old as＿ her brother.

(2) 彼女は彼女の姉より背が高いです。
She is ＿taller than＿ her sister.

(3) このえんぴつは3本の中でいちばん長いです。
This pencil is ＿the longest＿ of the three.

(4) この車はあの車ほど新しくありません。
This car is ＿not as new as＿ that one.

2 次の（　）の中に英語を入れましょう。

(1) ケンはポールと同じくらい上手にテニスをします。
Ken plays tennis （ as ）（ well ）（ as ） Paul.

(2) 私はクラスの中でいちばん速く走ることができます。
I can run （ the ）（ fastest ） in my class.

もう一歩　比較級と最上級の不規則変化

形容詞 good と、副詞 well の最上級と比較級は、better, best になるよ。
形容詞 good(よい)→ better(もっとよい)→ best(いちばんよい)
This is the best way of all. （これはすべての中でいちばんよい方法です）
副詞 well(上手に)→ better(もっと上手に)→ best(いちばん上手に)
My father cooks better than my mother.
（父は母よりも(もっと)上手に料理をします）

左ページの答 ①比較級 ②最上級

25

確認テスト ③

目標得点：70点
解答→別冊 p.5
／100

1 次の（　）の中に英語を入れましょう。（完答8点×5＝40点）

(1) 私たちはその映画を見るのを楽しみました。〔栃木県一改〕
We （ enjoyed ）（ seeing [watching] ） the movie.

(2) 私にはすべき仕事がたくさんありました。〔青森県一改〕
I had a lot of （ work ）（ to ）（ do ）.
　　　　　　　　　　　　　　　仕事

(3) 彼はフランス語を勉強しにフランスへ行きました。
He went to France （ to ）（ study ） French.
　　　　　　　　　　　　　　　　　　　フランス語

(4) ジェーンはボブよりも上手にピアノをひくことができます。〔栃木県一改〕
Jane can play the piano （ better ）（ than ） Bob.

(5) 全ての歌手の中でだれがいちばん人気がありますか。〔秋田県一改〕
Who is the （ most ）（ popular ）（ of ） all the singers?

2 次の英文を日本語にしましょう。（8点×3＝24点）

(1) Ken's bike is as old as Mike's.
（ ケンの自転車はマイクのもの[自転車]と同じくらい古いです。 ）

(2) He finished doing his homework.
（ 彼は宿題をし終えました。 ）

(3) To read books is interesting.
（ 本を読むことはおもしろいです。 ）

26

得点UP アドバイス

◎ enjoy, finish のあとに続く動詞は動名詞にしよう。
◎ 不定詞の形容詞的用法は、名詞を修飾して「～するための、～すべき」という意味を表すよ。
◎ well と good の比較級・最上級や、more, most をつける単語に気をつけて！

3 ［　］の中の語句を並べかえて、正しい英文を作りましょう。（9点×3＝27点）

(1) 水は地球でいちばん重要なものです。〔神奈川県一改〕
Water [important / is / most / the] thing on the earth.
Water ＿is the most important＿ thing on the earth.

(2) 京都には見る場所がたくさんあります。
[to / places / has / Kyoto / a lot of / see].
＿Kyoto has a lot of places to see＿.

(3) 私は写真をとるのが好きです。
[like / I / pictures / to / take].
＿I like to take pictures＿.

4 次のイラストを見て、英文を完成させましょう。（9点）

いちばん！

Tom can run ＿(the) fastest of＿ the three.
答え合わせが終わったら、音声を聞きましょう。

これで　レベルアップ

比較級、最上級は er, est をつけるものだけ？

interesting や expensive のような比較的長い単語のように、
more, most を単語の前に置くものがあるよ。

27

基本問題

解答→別冊 p.5
答え合わせが終わったら、音声を聞きましょう。

1 次の（　）の中に英語を入れましょう。

(1) 彼女は忙しいので、パーティーに行くことができません。
She cannot go to the party （ because ） she is busy.

(2) 彼が子どもだったとき、彼は私と遊びました。
（ When ） he was a child, he played with me.
　　接続

(3) もし明日晴れたら、公園に行きましょう。
Let's go to the park （ if ） it is sunny tomorrow.

〈… 接続詞 ～，〉と
〈接続詞 ～，…，〉の
2通りの形があるよ。

2 次の＿＿線部に英語を入れましょう。

(1) 彼女が京都に着いたとき、雨が降り始めました。
It began to rain ＿when she arrived＿ in Kyoto.
～に着く：arrive in ～

(2) もしあなたがその歌を知っているなら、それを歌ってください。
＿If you know the[that] song＿, please sing it.

(3) 彼女は病気だったので、学校に行くことができませんでした。
＿Because she was sick＿, she couldn't go to school.
病気の：sick

左ページの答 ①when ②if ③because

29

解答●5

1 次の（　）の中に英語を入れましょう。

(1) テーブルの上に箱があります。
（ There ）（ is ）a box on the table.

(2) いすの上にネコがいますか。— いいえ，いません。
（ Is ）（ there ）a cat on the chair?
— No, （ there ）（ isn't ）.

(3) 部屋の中にたくさんのコンピュータがありますか。— はい，あります。
（ Are ）（ there ）many computers in the room?
— Yes, （ there ）（ are ）.

(4) 教室にはたくさんの生徒がいましたか。— いいえ，1人しかいませんでした。
（ Were ）（ there ）many students in the classroom?
— No, （ there ）（ was ）only one student.

There is[are] ～. の文では，be動詞の後ろが単数なら is，複数なら are を使うよ。

2 次の日本文を英語にしましょう。

(1) 私のカバンの中に本が3冊あります。
There are[There're] three books in my bag.

(2) その机の下にイヌが1匹います。
There is[There's] a dog under the[that] desk.

(3) 私の家の近くにはお店が1軒ありました。
There was a shop[store] near[by] my house.

左ページの答 ①is ②are

31

---

1 [　]の中の語句を並べかえて，正しい英文を作りましょう。

(1) 私は毎朝ネコに食べ物を与えます。
[my cat / food / I / some / give] every morning.
I give my cat some food every morning.

(2) 私たちはこれをお好み焼きと呼びます。
[call / okonomiyaki / this / we].
We call this okonomiyaki .

(3) サキは私たちにたくさんの写真を見せてくれました。
[many / showed / Saki / us / pictures].
Saki showed us many pictures .

(4) そのイベントは彼を疲れさせました。
[tired / the / him / event / made].
The event made him tired .

2 次の日本文を英語にしましょう。

(1) 彼女は彼女のイヌをモモと呼びます。
She calls her dog Momo.

(2) あなたは私にその本を買ってくれましたか。
Did you buy me the book? [Did you buy the book for me?]

(3) そのニュースは彼らを悲しませました。
The news made them sad.
ニュース：news

左ページの答　目的格

33

確認テスト ④

目標得点：70点
解答→別冊 p.6
/ 100

1 次の（　）の中に英語を入れましょう。（完答10点×5＝50点）

(1) この物語は私を幸せにしました。
This story （ made ）（ me ）happy.

(2) 明日雨が降ったら，私はテレビを見ます。
（ If ）it rains tomorrow, I will watch TV.

(3) 京都にはたくさんの古い建物があります。 [秋田県一改]
（ There ）（ are ）a lot of old buildings in Kyoto.

(4) 彼女は忙しかったので，友だちに会うことができませんでした。
She couldn't see her friend （ because ）she was busy.

(5) いすの上にカバンがありますか。—いいえ，ありません。
（ Is ）（ there ）a bag on the chair?
—No, （ there ）（ isn't ）.

2 イラストを見て「…の近くに～があります」という英文を near を使って作りましょう。（10点）

There is[There's] a hospital near the station.
[There is[There's] a station near the hospital.]
病院：hospital　駅：station

34

 得点UP アドバイス

※ 接続詞で2つの文をつなぐとき，それぞれに主語と動詞がある形にするのを忘れないで！
※ There is[are] ～. の文では，主語は be動詞の後ろ。現在の文では，be動詞は主語が単数なら is，複数なら are だよ。

3 [　]の中の語を並べかえて，正しい英文を作りましょう。（10点×2＝20点）

(1) あなたがそれを作るなら，私は手伝います。 [埼玉県一改]
I will [if / you / you / make / help] it.
I will help you if you make it.

(2) 彼が私の家に来たとき，私は宿題をしていました。
I was doing my homework [came / he / when / to] my house.
I was doing my homework when he came to my house.

4 次の英文を（　）の中の指示にしたがって書きかえましょう。（10点×2＝20点）

(1) My friend bought some flowers for me. （6語でほぼ同じ意味の英文に）
My friend bought me some flowers.

(2) My city has three libraries. （There is[are] ～. の文に）
There are[There're] three libraries in my city.
答え合わせが終わったら，音声を聞きましょう。

これで レベルアップ

Let's play tennis. を付加疑問文にすると？

Let's ～. の文を付加疑問文にするときは，〈, shall we?〉を使うよ。Let's play tennis, shall we? になるんだ。

35

基本問題

解答→別冊 p.7
答え合わせが終わったら、音声を聞きましょう。

1 〔 〕の中の単語を参考にして、次の（ ）の中に英語を入れましょう。

(1) この本は日本で愛されています。〔love〕
This book is (loved) in Japan.

(2) この車はジャックによって使われます。〔use〕
This car is (used) by Jack.

(3) ここでは英語が話されます。〔speak〕
English is (spoken) here.
→～を話す speak-spoke-spoken

(4) このメールは昨日トムによって書かれました。〔write〕
This e-mail was (written) by Tom yesterday.

> 過去分詞には、過去形と同じ形のものがあるよ。

2 次の英文を受け身の文に書きかえましょう。

(1) My mother made the cake.
The cake was made by my mother.

(2) Someone wrote the book ten years ago.
The book was written (by someone) ten years ago.

(3) People speak English in Australia.
English is spoken (by people) in Australia.

もう一歩
by を使わない受け身の文

by のほかに、with, to, in などを使って表す受け身の文もあるよ。
The house is covered with snow. （家は雪でおおわれています）
Einstein is known to all the world.
（アインシュタインは世界中に知られています）
He is interested in sports. （彼はスポーツに興味があります）

左ページの答 ①be動詞 ②過去分詞 ③be動詞 ④by

37

基本問題

解答→別冊 p.7
答え合わせが終わったら、音声を聞きましょう。

1 次の（ ）の中に英語を入れましょう。

(1) あなたの車は彼によって洗われましたか。— いいえ、洗われませんでした。
(Was) your car (washed) by him?
— No, it (wasn't).

(2) この部屋は昨日そうじされませんでした。
This room (was) (not) (cleaned) yesterday.

(3) ここでは英語は話されません。
English (isn't) (spoken) here.

> 疑問文では be 動詞を主語の前に持ってきて、否定文では be 動詞のあとに not を置くよ。

2 次の英文を日本語にしましょう。

(1) Was this book written by Yuki?
(この本はユキによって書かれましたか。)

(2) Those computers aren't used now.
(あれらのコンピュータは今は使われません。)

もう一歩
町でよく見かける受け身の語句

made in Japan （日本で作られた→日本製）
closed （閉店された→閉店）
sold out （売りつくされた→売り切れ）
これらの語句の主語には製品やお店、商品などがくるよ。主語を補ってみると、なぜ受け身になっているのかが分かるよ。

左ページの答 ①～されますか ②be動詞 ③過去分詞

39

基本問題

解答→別冊 p.7
答え合わせが終わったら、音声を聞きましょう。

1 次の（ ）の中に英語を入れましょう。

(1) 私の友だちは彼にその本は興味深かったと言いました。
My friend (told) (him) that the book was interesting.

(2) 私は彼らが教室をそうじするのを手伝いました。
I (helped) (them) clean their classroom.

(3) この写真は私たちが体育祭を楽しんだことを示しています。
This picture (shows) us (that) we enjoyed the sports festival.
→体育祭

(4) 今日は私に夕食を作らせて下さい。
Please (let) me (cook [make]) dinner today.

2 〔 〕の中の語句を並べかえて、正しい英文を作りましょう。

(1) その歌は私たちを悲しく感じさせました。
[made / sad / feel / the song / us].
The song made us feel sad.

(2) 実は私の友だちが宿題を終わらせるのを手伝ってくれました。
Actually [finish / helped / my homework / me / my friend]. （富山県＝改）
Actually my friend helped me finish my homework.

(3) 彼は私にピアノを毎日練習すべきだと言います。
[practice / he / that / me / I / tells / the piano / should] every day.
He tells me that I should practice the piano every day.

左ページの答 原形

41

確認テスト ⑤

目標得点：70点
解答→別冊 p.7
/100

1 次の（ ）の中に英語を入れましょう。（完答6点×5＝30点）

(1) 多くの言語がインドで話されています。 〔栃木県＝改〕
Many languages (are) (spoken) in India.

(2) その映画は去年、キタヤマ氏によって作られました。〔神奈川県＝改〕
The movie (was) (made) by Mr. Kitayama last year.

(3) あなたの車は彼によって洗われますか。— いいえ、洗われません。
(Is) your car (washed) by him?
— No, it (isn't).

(4) ヒロキは何に興味がありますか。 〔神奈川県＝改〕
What (is) Hiroki (interested) (in)?

(5) 先生は私たちに明日お弁当を持ってくる必要があると言いました。
Our teacher (told) (us) that we needed to bring a lunch box tomorrow.

2 次の2つの英文がほぼ同じ意味になるように、（ ）の中に英語を入れましょう。（完答8点×3＝24点）

(1) Jack wrote this letter.
This letter (was) (written) by Jack.

(2) Do people speak Japanese in Japan?
(Is) Japanese (spoken) in Japan?

(3) My brother didn't read this book.
This book (wasn't) (read) by my brother.

42

解答●7

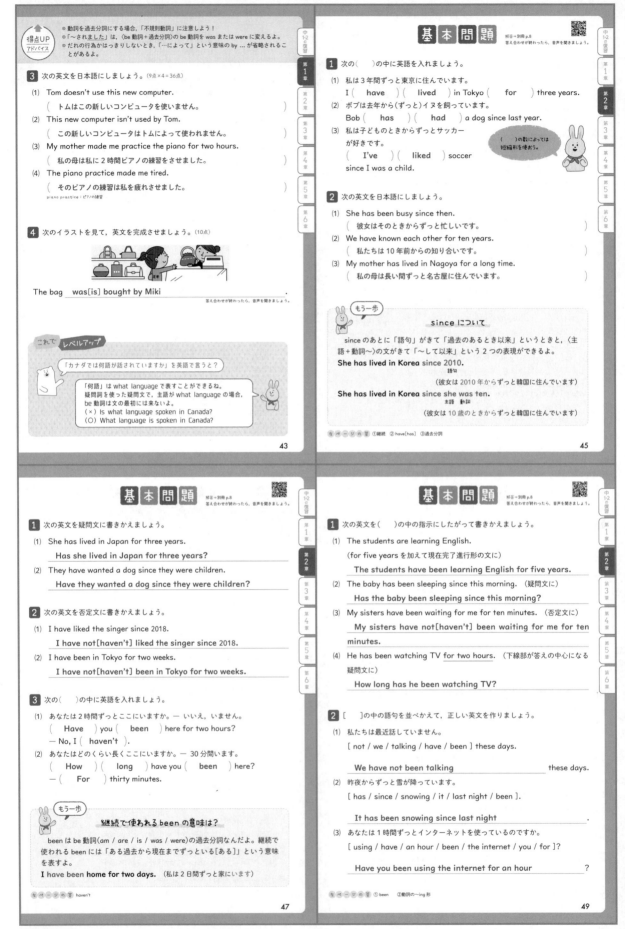

得点UP アドバイス

◎ 動詞を過去分詞にする場合，「不規則動詞」に注意しよう！
◎「〜されました」は，〈be動詞＋過去分詞〉の be 動詞を was または were に変えるよ。
◎ だれの行為かはっきりしないとき，「…によって」という意味の by ... が省略されることがあるよ。

3 次の英文を日本語にしましょう。(9点×4＝36点)

(1) Tom doesn't use this new computer.
(トムはこの新しいコンピュータを使いません。)

(2) This new computer isn't used by Tom.
(この新しいコンピュータはトムによって使われません。)

(3) My mother made me practice the piano for two hours.
(私の母は私に2時間ピアノの練習をさせました。)

(4) The piano practice made me tired.
(そのピアノの練習は私を疲れさせました。)

piano practice：ピアノの練習

4 次のイラストを見て，英文を完成させましょう。(10点)

The bag **was[is] bought by Miki** .

答え合わせが終わったら，音声を聞きましょう。

これで レベルアップ

「カナダでは何語が話されていますか」を英語で言うと？

「何語」は what language で表すことができるね。
疑問詞を使った疑問文で，主語が what language の場合，be 動詞は文の最初に来ないよ。
(×) Is what language spoken in Canada?
(○) What language is spoken in Canada?

43

基本問題

解答⇒別冊 p.8
答え合わせが終わったら，音声を聞きましょう。

1 次の( )の中に英語を入れましょう。

(1) 私は3年間ずっと東京に住んでいます。
I (have) (lived) in Tokyo (for) three years.

(2) ボブは去年から（ずっと）イヌを飼っています。
Bob (has) (had) a dog since last year.

(3) 私は子どものときからずっとサッカー
が好きです。
(I've) (liked) soccer
since I was a child.

( )の数によっては
短縮形を使おう。

2 次の英文を日本語にしましょう。

(1) She has been busy since then.
(彼女はそのときからずっと忙しいです。)

(2) We have known each other for ten years.
(私たちは10年前からの知り合いです。)

(3) My mother has lived in Nagoya for a long time.
(私の母は長い間ずっと名古屋に住んでいます。)

もう一歩

since について

since のあとに「語句」がきて「過去のあるとき以来」というときと，〈主語＋動詞〜〉の文がきて「〜して以来」という2つの表現ができるよ。
She has lived in Korea since 2010.
　　　　　　　　　　　　　語句
（彼女は2010年からずっと韓国に住んでいます）

She has lived in Korea since she was ten.
　　　　　　　　　　　　主語 動詞
（彼女は10歳のときからずっと韓国に住んでいます）

左ページの答 ①継続 ②have[has] ③過去分詞

45

基本問題

解答⇒別冊 p.8
答え合わせが終わったら，音声を聞きましょう。

1 次の英文を疑問文に書きかえましょう。

(1) She has lived in Japan for three years.
Has she lived in Japan for three years?

(2) They have wanted a dog since they were children.
Have they wanted a dog since they were children?

2 次の英文を否定文に書きかえましょう。

(1) I have liked the singer since 2018.
I have not[haven't] liked the singer since 2018.

(2) I have been in Tokyo for two weeks.
I have not[haven't] been in Tokyo for two weeks.

3 次の( )の中に英語を入れましょう。

(1) あなたは2時間ずっとここにいますか。— いいえ，いません。
(Have) you (been) here for two hours?
— No, I (haven't).

(2) あなたはどのくらい長くここにいますか。— 30分間います。
(How) (long) have you (been) here?
— (For) thirty minutes.

もう一歩

継続で使われる been の意味は？

been は be 動詞(am / are / is / was / were)の過去分詞なんだよ。継続で使われる been には「ある過去から現在までずっといる[ある]」という意味を表すよ。
I have been home for two days. （私は2日間ずっと家にいます）

左ページの答 haven't

47

基本問題

解答⇒別冊 p.8
答え合わせが終わったら，音声を聞きましょう。

1 次の英文を( )の中の指示にしたがって書きかえましょう。

(1) The students are learning English.
(for five years を加えて現在完了進行形の文に)
The students have been learning English for five years.

(2) The baby has been sleeping since this morning. （疑問文に）
Has the baby been sleeping since this morning?

(3) My sisters have been waiting for me for ten minutes. （否定文に）
My sisters have not[haven't] been waiting for me for ten minutes.

(4) He has been watching TV for two hours. （下線部が答えの中心になる疑問文に）
How long has he been watching TV?

2 [ ]の中の語句を並べかえて，正しい英文を作りましょう。

(1) 私たちは最近話していません。
[not / we / talking / have / been] these days.
We have not been talking these days.

(2) 昨夜からずっと雪が降っています。
[has / since / snowing / it / last night / been].
It has been snowing since last night .

(3) あなたは1時間ずっとインターネットを使っているのですか。
[using / have / an hour / been / the internet / you / for]?
Have you been using the internet for an hour ?

左ページの答 ①been ②動詞の〜ing 形

49

基本問題

解答→別冊 p.9
答え合わせが終わったら、音声を聞きましょう。

1 次の（ ）の中に英語を入れましょう。

(1) 私は以前に京都に行ったことがあります。
I have （ been ） to Kyoto （ before ）.

「～に行ったことがある」は have been to ～ で表せるよ。

(2) 彼は2度、その男性に会ったことがあります。
He has （ seen [met] ） the man （ twice ）.

(3) ジェーンは3回すしを食べたことがあります。
Jane has （ eaten [had] ） sushi three （ times ）.

(4) 私の姉は一度、彼と話したことがあります。
My sister has （ talked [spoken] ） with him （ once ）.

2 次の英文を日本語にしましょう。

(1) She has visited the city twice.
（ 彼女は2度、その都市を訪れたことがあります。 ）

(2) I have been to Canada before.
（ 私は以前にカナダに行ったことがあります。 ）

もう一歩

過去を表す語句は使えない

yesterday や last ～、～ ago など過去を表す語句は、現在完了の文では使えないんだよ。でも、since を使って〈since＋過去を表す語句〉とすると、「～以来ずっと」の意味で「継続」の文で使えるんだ。ただし、since ～ ago とはできないので、注意してね。

左ページの答　before

51

基本問題

解答→別冊 p.9
答え合わせが終わったら、音声を聞きましょう。

1 次の（ ）の中に英語を入れましょう。

(1) あなたは今までにこの映画を見たことがありますか。
（ Have ） you （ ever ） watched this movie?

(2) 私はこの映画を一度も見たことがありません。
I have （ never ） watched this movie.

(3) あなたの弟は今までに京都に行ったことがありますか。— はい、あります。
（ Has ） your brother （ ever ） （ been ） to Kyoto?
— Yes, he （ has ）.

(4) 私は一度もこの本を読んだことがありません。
I have （ never ） （ read ） this book.

ever は疑問文で、never は否定文でよく使うよ。

2 [ ]の中の語を並べかえて、正しい英文を作りましょう。

(1) 彼女は一度もその都市を訪れたことがありません。
[the / she / has / visited / city / never].
She has never visited the city .

(2) あなたは今までにフランス語を勉強したことがありますか。
[French / you / studied / have / ever]?
Have you ever studied French ?

左ページの答　① never　② ever

53

基本問題

解答→別冊 p.9
答え合わせが終わったら、音声を聞きましょう。

1 次の（ ）の中に英語を入れましょう。

(1) 私はちょうど帰宅したところです。
I have （ just ） come home.

「ちょうど」は just、「すでに」は already だよ。

(2) 彼女はすでに宿題をしてしまいました。
She （ has ） （ already ） done her homework.

(3) 私の先生はちょうど駅に着いたところです。
My teacher （ has ） （ just ） （ arrived ） at the station.
～に着く：arrive at ～

2 [ ]の中の語句を並べかえて、正しい英文を作りましょう。

(1) 彼女はすでに部屋をそうじしてしまいました。
[she / already / the room / cleaned / has].
She has already cleaned the room .

(2) 彼はちょうど夕食を作ったところです。
[cooked / has / just / dinner / he].
He has just cooked dinner .

もう一歩

過去形と現在完了「完了」ってどう使い分けるの?

「今の状態」とは関係がないときは過去形を使うよ。
I ate a hamburger yesterday. →「昨日食べた」という事実だけ
I have already eaten a hamburger.
→ハンバーガーを食べておなかがいっぱいになり、今もおなかがいっぱいであることを表すときは、現在完了の文を使う

左ページの答　already

55

基本問題

解答→別冊 p.9
答え合わせが終わったら、音声を聞きましょう。

1 次の（ ）の中に英語を入れましょう。

(1) 彼はまだ自分の皿を洗っていません。
He has （ not ） washed his dishes （ yet ）.

(2) あなたはもう宿題を終えましたか。—はい、終えました。
Have you （ finished ） your homework （ yet ）?
—Yes, I （ have ）.

(3) 私はまだ朝食を作っていません。
I （ haven't ） cooked breakfast （ yet ）.

「まだ」「もう」は yet を使うよ。

2 [ ]の中の語句を並べかえて、正しい英文を作りましょう。

(1) 彼女はまだ部屋をそうじしていません。
[the room / hasn't / yet / she / cleaned].
She hasn't cleaned the room yet .

(2) あなたはもう駅に着きましたか。
[yet / you / have / the station / arrived / at]?
Have you arrived at the station yet ?

左ページの答　① まだ　② もう

57

解答●9

基本問題

解答→別冊 p.10
答え合わせが終わったら，音声を聞きましょう。

1 次の（　）の中に英語を入れましょう。

(1) 私は5年間ずっと北海道に住んでいます。
I （ have ）（ lived ） in Hokkaido （ for ） five years.

(2) 彼は2度，その映画を見たことがあります。
He （ has ） seen the movie （ twice ）.

(3) あなたはもう仕事を終えましたか。
Have you （ finished ） the work （ yet ） ?

現在完了の3つの用法を覚えてね。

(4) あなたはどのくらい長くここにいますか。
（ How ）（ long ） have you （ been ） here?
いる，ある：am, are, is→was, were など

(5) 彼女はすでにその本を買いました。
She has （ already ）（ bought ） the book.

2 次の英文を日本語にしましょう。

(1) My friend has never visited Kyoto.
（ 私の友だちは一度も京都を訪れたことがありません。　）

(2) I've just arrived at the park.
（ 私はちょうど公園に着いたところです。　）

もう一歩 現在完了「継続」と現在完了進行形で使われる動詞

現在完了「継続」は状態の継続，現在完了進行形は動作や行為の継続を表すんだったね。現在完了「継続」では状態動詞，現在完了進行形では動作動詞を使うよ。have や think のように，どちらともとれる動詞もあるよ。

状態動詞
know, have, like, think, live など
知っている 持っている 好きだ 思う 住んでいる

動作動詞
study, have, read, think など
勉強する 食べる 読む 考える

59

確認テスト ⑥

目標得点：70点
解答→別冊 p.10
／100

1 次の（　）の中に英語を入れましょう。(完答7点×6＝42点)

(1) 私は2度，その本を読んだことがあります。
I （ have ）（ read ） the book （ twice ）.

(2) 私は一度もその歌を聞いたことがありません。〔山梨県一改〕
I （ have ）（ never ）（ listened ） to the song.

(3) あなたは以前，神戸を訪れたことがありますか。〔兵庫県一改〕
（ Have ） you ever （ visited ） Kobe （ before ） ?

(4) あなたはどのくらい長く日本で勉強していますか。— 3年間です。
（ How ）（ long ） have you （ been ）（ studying ） in Japan?
— （ For ） three years.

(5) 彼はまだ自分の皿を洗っていません。
He has （ not ） washed his dishes （ yet ） .

(6) 彼女はもう家を出ましたか。
（ Has ） she （ left ） home （ yet ） ?

2 次の英文を日本語にしましょう。(8点×3＝24点)

(1) She has already done her homework.
（ 彼女はすでに宿題をしてしまいました。　）

(2) I've just arrived at the park.
（ 私はちょうど公園に着いたところです。　）

(3) I have been waiting for Tom for thirty minutes.
（ 私はトムを30分間待っています。　）

60

得点UP アドバイス

◦「継続」では，for ～「～の間」や since ～「～以来」などがよく使われるよ。
◦「経験」の否定文では，not のかわりに「一度も～ない」という意味の never がよく使われるよ。
◦ yet は「完了」の否定文と疑問文で使われ，文の最後に置かれるよ。

3 ［　］の中の語句を並べかえて，正しい英文を作りましょう。(8点×3＝24点)

(1) 私は一度もニューヨークに行ったことがありません。
I [been / have / to / never] New York.
I　have never been to　New York.

(2) あなたはもう駅に着きましたか。
[at / you / have / station / arrived / the / yet]?
Have you arrived at the station yet　?

(3) あなたは今朝から何を探しているのですか。〔愛媛県一改〕
[you / for / this morning / been / what / looking / have / since]?
What have you been looking for since this morning　?

4 次のイラストを見て，英文を作りましょう。(完答10点)

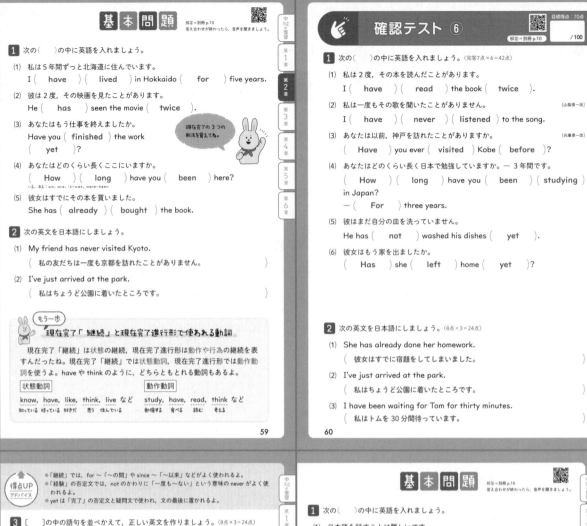

1998年 -2000年 東京都　　　2000年 - 現在 北海道

Tomoko　has lived　in Hokkaido　since 2000　.
答え合わせが終わったら，音声を聞きましょう。

これで レベルアップ

現在完了で使われる「もう」には2種類ある？

肯定文での「もう」は already，疑問文での「もう」は yet を使うよ。

61

基本問題

解答→別冊 p.10
答え合わせが終わったら，音声を聞きましょう。

1 次の（　）の中に英語を入れましょう。

(1) 日本語を話すことは難しいです。
（ It ） is （ difficult ）（ to ） speak Japanese.

(2) その質問に答えることは不可能です。
（ It ） is impossible （ to ） answer the question.
不可能な

(3) 私にとって本を読むことはおもしろいです。
（ It ） is interesting （ for ） me （ to ） read books.

(4) 彼女にとって歌を歌うことは楽しいです。
（ It ） is fun （ for ）（ her ）（ to ） sing songs.

〈for +人〉で「～には[～にとって]」という意味を表すよ。

2 次の英文を日本語にしましょう。

(1) It is important for him to learn music.
（ 彼にとって音楽を学ぶことは大切です。　）

(2) It is easy for us to get up early.
（ 私たちにとって早く起きることは簡単です。　）

もう一歩 〈It is ... to+動詞の原形〉の疑問文・否定文は？

疑問文・否定文の作り方は be 動詞の文と同じだよ。疑問文のときは is を it の前に出し，否定文のときは is のあとに not を置くんだ。
Is it difficult for him to swim in the sea?
（彼にとって海で泳ぐことは難しいですか）
It isn't difficult for him to swim in the sea.
（彼にとって海で泳ぐことは難しくありません）

なオーツの答 1+

63

基本問題

解答→別冊 p.11
答え合わせが終わったら、音声を聞きましょう。

1 （　）の中の語を使って、英文を作りましょう。

(1) この箱はあまりにも重すぎて運ぶことができません。(too / carry)

This box is too heavy to carry.
動い：heavy

(2) この車はあまりにも古すぎて動くことができません。(too / move)

This car is too old to move.

(3) 彼は起きるのがあまりにも遅すぎたので、彼女に会うことができませんでした。
(too / meet)

He got up too late to meet her.
遅い：late

too ～ for +人+ to … とso ～ that +人 + can't … は ほぼ同じ意味だよ。

2 次の英文を日本語にしましょう。

(1) He is so old that he cannot run fast.

(彼はあまりにも年をとっているので、速く走ることができません。)

(2) This question was so difficult that we couldn't answer it.
（canの過去形）

(この質問はあまりにも難しかったので、私たちは答えることができませんでした。)

もう一歩

too のあとにくる形容詞や副詞って何だろう？

「やさしい」や「美しい」など、人やもののようすを表すことばを「形容詞」というよ。そして、「熱心に」や「上手に」など、人やものの動きを説明することばを「副詞」というよ。too のあとには形容詞がくることが多いけれど、副詞もくることがあるんだ。

The dog runs too fast to catch.
副詞

（そのイヌは走るのがあまりにも速すぎて、捕まえることができません）

左ページの答　①形容詞　②for

65

基本問題

解答→別冊 p.11
答え合わせが終わったら、音声を聞きましょう。

1 次の（　）の中に英語を入れましょう。

(1) 私は彼に私の家に来てもらいたいです。

I (want) (him) (to) come to my house.

(2) 私の父は私に宿題をするように言いました。

My father (told) (me) (to) do my homework.

(3) 彼女は私たちに部屋をそうじするように頼みました。

She (asked) (us) (to) clean the rooms.

want+人 +to ～ 「人に～してもらいたい」と want to ～「～したい」は、 似てるけど、ちがうよ。

2 次の英文を日本語にしましょう。

(1) He wanted to go shopping.

(彼は買い物に行きたいと思っていました。)

He wanted you to go shopping.

(彼はあなたに買い物に行ってほしいと思っていました。)

(2) I want to sing songs.

(私は歌を歌いたいです。)

I want you to sing songs.

(私はあなたに歌を歌ってほしいです。)

左ページの答　動詞の原形

67

基本問題

解答→別冊 p.11
答え合わせが終わったら、音声を聞きましょう。

1 次の（　）の中に英語を入れましょう。

(1) 彼女は駅への行き方を知っています。

She knows (how) (to) (go[get]) to the station.

(2) 私は手紙の書き方を学びます。

I learn (how) (to) (write) letters.

(3) 彼は車の運転のし方を学びました。

He learned (how) (to) (drive) a car.

to の後ろには動詞の原形がくるよ。

2 次の＿＿線部に英語を入れましょう。

(1) あなたはあのコンピュータの使い方を知っていますか。

Do you know how to use that computer ?

(2) 私は野球のやり方を知りません。

I do not[don't] know how to play baseball .

(3) 彼らはどうやって図書館へ行けばよいか知りませんでした。

They did not[didn't] know how to go[get] to the library .

(4) 彼女は速く泳ぐ方法を知っています。

She knows how to swim fast .

左ページの答　①how　②目的語

69

基本問題

解答→別冊 p.11
答え合わせが終わったら、音声を聞きましょう。

1 次の（　）の中に英語を入れましょう。

(1) 私はいつ家を出たらよいか分かりません。

I don't know (when) (to) (leave) home.

(2) 彼は次に何をしたらよいか分かりませんでした。

He didn't know (what) (to) (do) next.
（次に）

(3) 彼女はどこでこの本を買えばよいか知っていますか。

Does she know (where) (to) (buy) this book?

〈疑問詞＋to＋動詞の原形〉で 「～したらよいか」になるよ。

2 次の＿＿線部に英語を入れましょう。

(1) 彼女はいつ私の家に来ればよいか知っています。

She knows when to come to my house .

(2) 彼は何を買えばよいか知っています。

He knows what to buy .

(3) 私はどこへ行けばよいか分かりません。

I do not[don't] know where to go .

左ページの答　what

71

解答●11

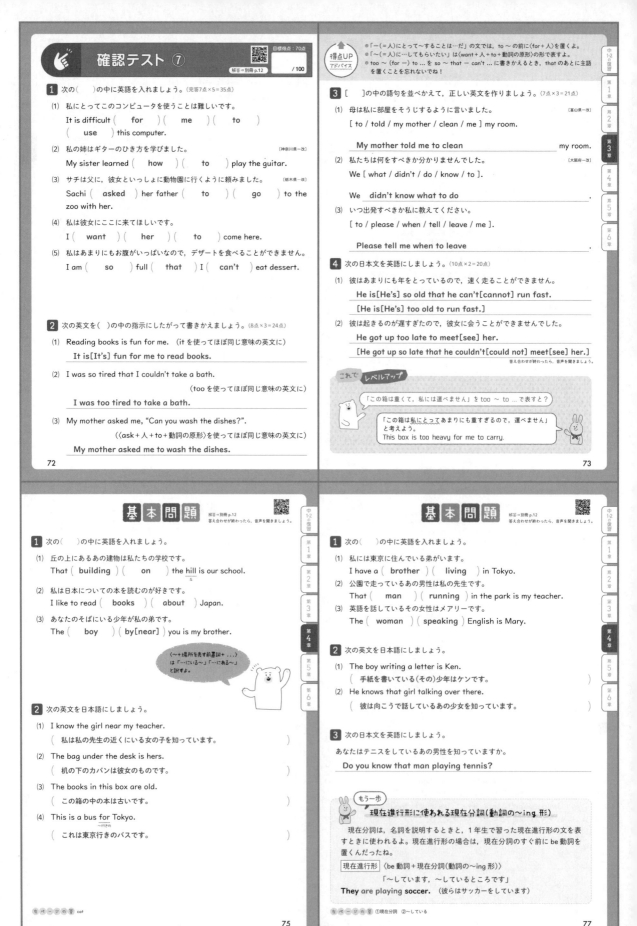

確認テスト ⑦

目標得点：70点
解答→別冊 p.12
／100

1 次の（　）の中に英語を入れましょう。（完答7点×5＝35点）

(1) 私にとってこのコンピュータを使うことは難しいです。

It is difficult （ for ）（ me ）（ to ）
（ use ）this computer.

(2) 私の姉はギターのひき方を学びました。〔神奈川県一改〕

My sister learned （ how ）（ to ）play the guitar.

(3) サチは父に、彼女といっしょに動物園に行くように頼みました。〔栃木県一改〕

Sachi （ asked ）her father （ to ）（ go ）to the
zoo with her.

(4) 私は彼女にここに来てほしいです。

I （ want ）（ her ）（ to ）come here.

(5) 私はあまりにもお腹がいっぱいなので、デザートを食べることができません。

I am （ so ）full （ that ）I （ can't ）eat dessert.

2 次の英文を（　）の中の指示にしたがって書きかえましょう。（8点×3＝24点）

(1) Reading books is fun for me. （it を使ってほぼ同じ意味の英文に）

It is[It's] fun for me to read books.

(2) I was so tired that I couldn't take a bath.

（too を使ってほぼ同じ意味の英文に）

I was too tired to take a bath.

(3) My mother asked me, "Can you wash the dishes?".

（〈ask＋人＋to＋動詞の原形〉を使ってほぼ同じ意味の英文に）

My mother asked me to wash the dishes.

72

得点UP アドバイス

※「―（＝人）にとって～することは…だ」の文では、to ～の前に〈for＋人〉を置くよ。
※「～（＝人）に…してもらいたい」は〈want＋人＋to＋動詞の原形〉の形で表すよ。
※ too ～（for ―）to ... を so ～ that ― can't ... に書きかえるとき、that のあとに主語を置くことを忘れないでね！

3 [　]の中の語句を並べかえて、正しい英文を作りましょう。（7点×3＝21点）

(1) 母は私に部屋をそうじするように言いました。〔富山県一改〕

[to / told / my mother / clean / me] my room.

My mother told me to clean my room.

(2) 私たちは何をすべきか分かりませんでした。〔大阪府一改〕

We [what / didn't / do / know / to].

We didn't know what to do .

(3) いつ出発すべきか私に教えてください。

[to / please / when / tell / leave / me].

Please tell me when to leave .

4 次の日本文を英語にしましょう。（10点×2＝20点）

(1) 彼はあまりにも年をとっているので、速く走ることができません。

He is[He's] so old that he can't[cannot] run fast.

[He is[He's] too old to run fast.]

(2) 彼は起きるのが遅すぎたので、彼女に会うことができませんでした。

He got up too late to meet[see] her.

[He got up so late that he couldn't[could not] meet[see] her.]

答え合わせが終わったら、音声を聞きましょう。

これで レベルアップ

「この箱は重くて、私には運べません」を too ～ to ... で表すと？

「この箱は私にとってあまりにも重すぎるので、運べません」と考えよう。

This box is too heavy for me to carry.

73

基本問題

解答→別冊 p.12
答え合わせが終わったら、音声を聞きましょう。

1 次の（　）の中に英語を入れましょう。

(1) 丘の上にあるあの建物は私たちの学校です。

That （ building ）（ on ）the hill is our school.

(2) 私は日本についての本を読むのが好きです。

I like to read （ books ）（ about ）Japan.

(3) あなたのそばにいる少年が私の弟です。

The （ boy ）（ by[near] ）you is my brother.

〈～＋場所を表す前置詞＋...〉は「...にいる～」「...にある～」と訳すよ。

2 次の英文を日本語にしましょう。

(1) I know the girl near my teacher.

（ 私は私の先生の近くにいる女の子を知っています。 ）

(2) The bag under the desk is hers.

（ 机の下のカバンは彼女のものです。 ）

(3) The books in this box are old.

（ この箱の中の本は古いです。 ）

(4) This is a bus for Tokyo.

（ これは東京行きのバスです。 ）

左ページの答 cat

75

基本問題

解答→別冊 p.12
答え合わせが終わったら、音声を聞きましょう。

1 次の（　）の中に英語を入れましょう。

(1) 私には東京に住んでいる弟がいます。

I have a （ brother ）（ living ）in Tokyo.

(2) 公園で走っているあの男性は私の先生です。

That （ man ）（ running ）in the park is my teacher.

(3) 英語を話しているその女性はメアリーです。

The （ woman ）（ speaking ）English is Mary.

2 次の英文を日本語にしましょう。

(1) The boy writing a letter is Ken.

（ 手紙を書いている（その）少年はケンです。 ）

(2) He knows that girl talking over there.

（ 彼は向こうで話しているあの少女を知っています。 ）

3 次の日本文を英語にしましょう。

あなたはテニスをしているあの男性を知っていますか。

Do you know that man playing tennis?

もう一歩

現在進行形に使われる現在分詞（動詞の～ing 形）

現在分詞は、名詞を説明するときと、1年生で習った現在進行形の文を表すときに使われるよ。現在進行形の場合は、現在分詞のすぐ前に be 動詞を置くんだったね。

現在進行形 〈be 動詞＋現在分詞（動詞の～ing 形）〉

「～しています、～しているところです」

They are playing soccer. （彼らはサッカーをしています）

左ページの答 ①現在分詞 ②～している

77

1 次の（　）の中に英語を入れましょう。

(1) 彼は英語で書かれたその本を読みます。
He reads the book (written) in English.
→書かれた

(2) みんなに使われているそのコンピュータは新しいです。
The computers (used) by everyone are new.
→使われている

(3) カナダで話されている言語は英語とフランス語です。
The (languages) (spoken) in Canada are English and French.
→話されている　フランス語

過去分詞は「～された、
～される」と訳すよ。

2 次の　　線部に英語を入れましょう。

(1) 京都でとられたその写真は美しかったです。
The picture　taken in Kyoto　was beautiful.

(2) 彼は中国製のいすを買いました。
He bought a　chair made in　China.
中国製の＝中国で作られた

(3) これは世界中で読まれている本です。
This is a　book read　all over the world.
世界中で

もう一歩　受け身に使われる過去分詞

過去分詞は、名詞を説明したり、受け身や現在完了の文で使われたりするよ。受け身の文では、過去分詞のすぐ前に be 動詞を置くんだったね。

受け身〈be 動詞＋過去分詞〉「～された、～されている」
This book was written by a Japanese idol.
（この本は日本のアイドルによって書かれました）

左ページの答え〔～された〔～されている〕〕

79

---

1 次の（　）の中に英語を入れましょう。(7点×10＝70点)

(1) これは私の父によって書かれた手紙です。　　　　[栃木県一改]
This is the letter (written) by my father.

(2) 空を飛んでいる鳥を見なさい。　　　　[神奈川県一改]
Look at the birds (flying) in the sky.
飛ぶ：fly

(3) 私には大阪に住んでいる弟がいます。
I have a (brother) (living) in Osaka.

(4) テーブルの下のイヌは私のイヌです。
The (dog) (under) the table is mine.

(5) みんなによって使われているそのコンピュータは新しいです。
The computers (used) by everyone are new.

(6) フランス語を話しているその女性はジェーンです。
The (woman) (speaking) French is Jane.

(7) アレックスは多くの人々に愛されている歌手です。
Alex is a (singer) (loved) by many people.
歌手：singer

(8) 駅の近くにあるあの建物はデパートです。
That (building) (near [by]) the station is a department store.
デパート

(9) アキラと話しているあの少年を知っていますか。
Do you know that (boy) (talking) with Akira?

(10) 彼女はみんなが知っている歌手です。
She is a (singer) (known) to everyone.

80

得点UP アドバイス　〈現在分詞／過去分詞＋語句〉が名詞を説明するときは、説明する名詞の直後に置くよ。

2 [　]の中の語句を並べかえて、正しい英文を作りましょう。(7点×3＝21点)

(1) 私たちの町には 2 年前に建てられた図書館があります。　　　[秋田県一改]
Our town has a [years / library / two / built] ago.

Our town has a　library built two years　ago.

(2) あなたの先生と話しているその少女は私の妹です。　　　[山形県一改]
The [with / is / talking / your teacher / girl] my sister.

The　girl talking with your teacher is　my sister.

(3) 彼女は生徒に愛されている教師です。　　　[神奈川県一改]
She is a [by / teacher / her / loved] students.

She is a　teacher loved by her　students.

3 次のイラストに合うように、英文を完成しましょう。(9点)

English is the　language spoken　all over the world.

答え合わせが終わったら、音声を聞きましょう。

これで レベルアップ

「あの話している男性」は何て言うの？

「彼女と話しているあの男性」は、that man talking with her と現在分詞を名詞の後に置くけれど、「あの話している男性」は、that talking man と現在分詞を名詞の前に置くよ。

81

---

1 次の（　）の中に英語を入れましょう。

(1) 私には大阪に住んでいる友だちがいます。
I have a friend (who) (lives) in Osaka.

(2) 彼はカナダから来た男性を知っています。
He knows a (man) (who) came from Canada.

(3) 山田先生と話しているあの女性は英語を話します。
That woman (who) (is) talking with Ms. Yamada speaks English.

関係代名詞の位置に気をつけて。

2 次の 2 つの英文を、関係代名詞の who を使って 1 つの英文にしましょう。

(1) I have a brother. He likes music.
I have a brother who likes music.

(2) The man is our teacher. He is driving a car.
The man who is driving a car is our teacher.

もう一歩　主格の関係代名詞の文を作るときのポイント

まず、「～する○○」のような、名詞を説明している部分を見つけよう。
次に名詞「○○」を先行詞にして、その後ろに〈関係代名詞 who ＋動詞～〉を続ければＯＫ！

「～する」　　　名詞「○○」
彼女は オーストラリアに住んでいる　私の友だち です

→ **She is my friend who lives in Australia.**

左ページの答え ①関係代名詞 ②主語

83

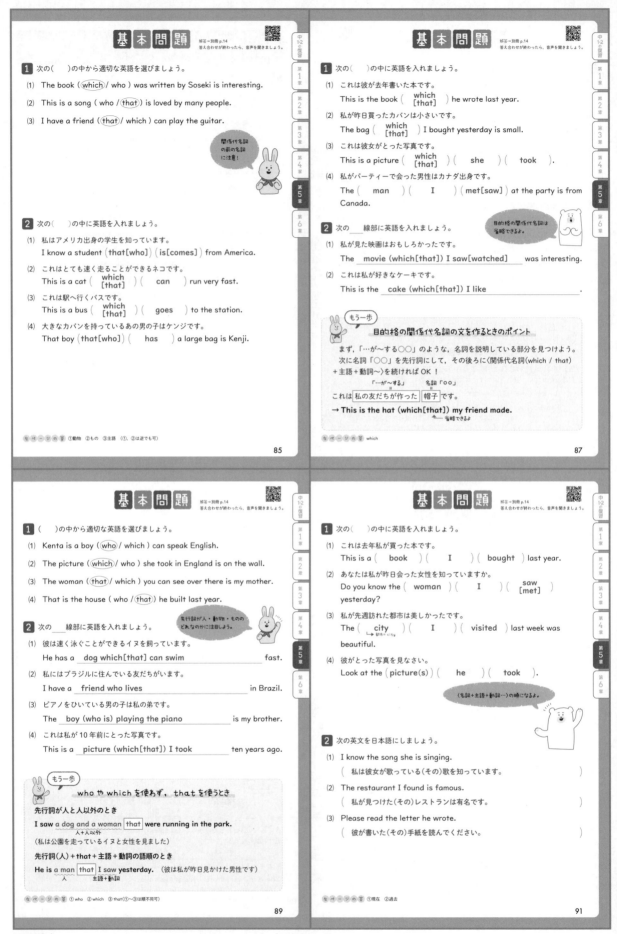

基本問題

解答⇒別冊 p.14
答え合わせが終わったら，音声を聞きましょう。

1 次の(　)の中から適切な英語を選びましょう。

(1) The book (**which** / who) was written by Soseki is interesting.

(2) This is a song (who / **that**) is loved by many people.

(3) I have a friend (**that** / which) can play the guitar.

関係代名詞
の前の名詞
に注意！

2 次の(　)の中に英語を入れましょう。

(1) 私はアメリカ出身の学生を知っています。
I know a student (that[who]) (is[comes]) from America.

(2) これはとても速く走ることができるネコです。
This is a cat (which [that]) (can) run very fast.

(3) これは駅へ行くバスです。
This is a bus (which [that]) (goes) to the station.

(4) 大きなカバンを持っているあの男の子はケンジです。
That boy (that[who]) (has) a large bag is Kenji.

左ページの答 ①動物 ②もの ③主語 (①，②は逆でも可)

基本問題

解答⇒別冊 p.14
答え合わせが終わったら，音声を聞きましょう。

1 次の(　)の中に英語を入れましょう。

(1) これは彼が去年書いた本です。
This is the book (which [that]) he wrote last year.

(2) 私が昨日買ったカバンは小さいです。
The bag (which [that]) I bought yesterday is small.

(3) これは彼女がとった写真です。
This is a picture (which [that]) (she) (took).

(4) 私がパーティーで会った男性はカナダ出身です。
The (man) (I) (met[saw]) at the party is from Canada.

2 次の＿＿線部に英語を入れましょう。

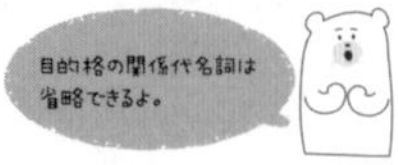

目的格の関係代名詞は
省略できるよ。

(1) 私が見た映画はおもしろかったです。
The ＿movie (which[that]) I saw[watched]＿ was interesting.

(2) これは私が好きなケーキです。
This is the ＿cake (which[that]) I like＿.

もう一歩

目的格の関係代名詞の文を作るときのポイント

まず，「…が～する○○」のような，名詞を説明している部分を見つけよう。
次に名詞「○○」を先行詞にして，その後ろに〈関係代名詞(which / that)＋主語＋動詞～〉を続ければ OK！

「…が～する」＝私の友だちが作った　名詞「○○」＝帽子
これは 私の友だちが作った 帽子 です。
→ **This is the hat (which[that]) my friend made.**
（(which[that]) ← 省略できるよ）

左ページの答 which

基本問題

解答⇒別冊 p.14
答え合わせが終わったら，音声を聞きましょう。

1 (　)の中から適切な英語を選びましょう。

(1) Kenta is a boy (**who** / which) can speak English.

(2) The picture (**which** / who) she took in England is on the wall.

(3) The woman (**that** / which) you can see over there is my mother.

(4) That is the house (who / **that**) he built last year.

2 次の＿＿線部に英語を入れましょう。

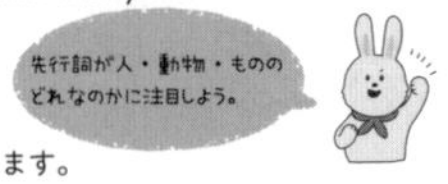

先行詞が人・動物・ものの
どれなのかに注目しよう。

(1) 彼は速く泳ぐことができるイヌを飼っています。
He has a ＿dog which[that] can swim＿ fast.

(2) 私にはブラジルに住んでいる友だちがいます。
I have a ＿friend who lives＿ in Brazil.

(3) ピアノをひいている男の子は私の弟です。
The ＿boy (who is) playing the piano＿ is my brother.

(4) これは私が 10 年前にとった写真です。
This is a ＿picture (which[that]) I took＿ ten years ago.

もう一歩

who や which を使わず，that を使うとき

先行詞が人と人以外のとき

I saw a dog and a woman that were running in the park.
（a dog and a woman ＝ 人＋人以外）
(私は公園を走っているイヌと女性を見ました)

先行詞(人)＋that＋主語＋動詞の語順のとき

He is a man that I saw yesterday. (彼は私が昨日見かけた男性です)
（a man ＝ 人，I saw ＝ 主語＋動詞）

左ページの答 ①who ②which ③that(①～③は順不同可)

基本問題

解答⇒別冊 p.14
答え合わせが終わったら，音声を聞きましょう。

1 次の(　)の中に英語を入れましょう。

(1) これは去年私が買った本です。
This is a (book) (I) (bought) last year.

(2) あなたは私が昨日会った女性を知っていますか。
Do you know the (woman) (I) (saw [met]) yesterday?

(3) 私が先週訪れた都市は美しかったです。
The (city) (I) (visited) last week was beautiful.
（└→ 都市＝city）

(4) 彼がとった写真を見なさい。
Look at the (picture(s)) (he) (took).

〈名詞＋主語＋動詞…〉の順になるよ。

2 次の英文を日本語にしましょう。

(1) I know the song she is singing.
(私は彼女が歌っている(その)歌を知っています。)

(2) The restaurant I found is famous.
(私が見つけた(その)レストランは有名です。)

(3) Please read the letter he wrote.
(彼が書いた(その)手紙を読んでください。)

左ページの答 ①現在 ②過去

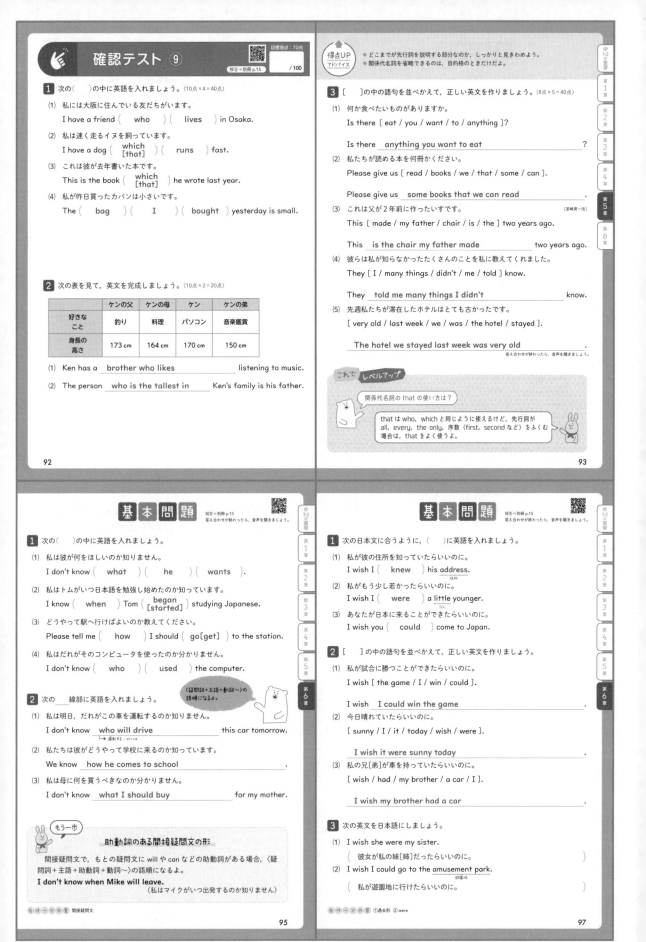

確認テスト ⑨

目標得点：70点
解答→別冊 p.15
/ 100

1 次の（　）の中に英語を入れましょう。(10点×4＝40点)

(1) 私には大阪に住んでいる友だちがいます。

I have a friend （ who ）（ lives ）in Osaka.

(2) 私は速く走るイヌを飼っています。

I have a dog （ which [that] ）（ runs ）fast.

(3) これは彼が去年書いた本です。

This is the book （ which [that] ）he wrote last year.

(4) 私が昨日買ったカバンは小さいです。

The （ bag ）（ I ）（ bought ）yesterday is small.

2 次の表を見て、英文を完成しましょう。(10点×2＝20点)

	ケンの父	ケンの母	ケン	ケンの弟
好きな こと	釣り	料理	パソコン	音楽鑑賞
身長の 高さ	173 cm	164 cm	170 cm	150 cm

(1) Ken has a brother who likes listening to music.

(2) The person who is the tallest in Ken's family is his father.

得点UP アドバイス
※ どこまでが先行詞を説明する部分なのか、しっかりと見きわめよう。
※ 関係代名詞を省略できるのは、目的格のときだけだよ。

3 [　]の中の語句を並べかえて、正しい英文を作りましょう。(8点×5＝40点)

(1) 何か食べたいものがありますか。

Is there [eat / you / want / to / anything]?

Is there anything you want to eat ?

(2) 私たちが読める本を何冊かください。

Please give us [read / books / we / that / some / can].

Please give us some books that we can read .

(3) これは父が2年前に作ったいすです。 [宮崎県一改]

This [made / my father / chair / is / the] two years ago.

This is the chair my father made two years ago.

(4) 彼らは私が知らなかったたくさんのことを私に教えてくれました。

They [I / many things / didn't / me / told] know.

They told me many things I didn't know.

(5) 先週私たちが滞在したホテルはとても古かったです。

[very old / last week / we / was / the hotel / stayed].

 The hotel we stayed last week was very old .

答え合わせが終わったら、音声を聞きましょう。

これで レベルアップ

関係代名詞の that の使い方は？

that は who, which と同じように使えるけど、先行詞が all, every, the only, 序数 (first, second など) をふくむ場合は、that をよく使うよ。

92　　93

基本問題

解答→別冊 p.15
答え合わせが終わったら、音声を聞きましょう。

1 次の（　）の中に英語を入れましょう。

(1) 私は彼が何をほしいのか知りません。

I don't know （ what ）（ he ）（ wants ）.

(2) 私はトムがいつ日本語を勉強し始めたのか知っています。

I know （ when ）Tom （ began [started] ）studying Japanese.

(3) どうやって駅へ行けばよいのか教えてください。

Please tell me （ how ）I should （ go[get] ）to the station.

(4) 私はだれがそのコンピュータを使ったのか分かりません。

I don't know （ who ）（ used ）the computer.

2 次の＿＿線部に英語を入れましょう。

〈疑問詞＋主語＋動詞～〉の語順になるよ。

(1) 私は明日、だれがこの車を運転するのか知りません。

I don't know who will drive this car tomorrow.
└ 運転する / drive

(2) 私たちは彼がどうやって学校に来るのか知っています。

We know how he comes to school .

(3) 私は母に何を買うべきなのか分かりません。

I don't know what I should buy for my mother.

もう一歩

助動詞のある間接疑問文の形

間接疑問文で、もとの疑問文に will や can などの助動詞がある場合、〈疑問詞＋主語＋助動詞＋動詞～〉の語順になるよ。

I don't know when Mike will leave.
（私はマイクがいつ出発するのか知りません）

左ページの答 間接疑問文

95

基本問題

解答→別冊 p.15
答え合わせが終わったら、音声を聞きましょう。

1 次の日本文に合うように、（　）に英語を入れましょう。

(1) 私が彼の住所を知っていたらいいのに。

I wish I （ knew ）his address.
住所

(2) 私がもう少し若かったらいいのに。

I wish I （ were ）a little younger.
少し

(3) あなたが日本に来ることができたらいいのに。

I wish you （ could ）come to Japan.

2 [　]の中の語句を並べかえて、正しい英文を作りましょう。

(1) 私が試合に勝つことができたらいいのに。

I wish [the game / I / win / could].

I wish I could win the game .

(2) 今日晴れていたらいいのに。

[sunny / I / it / today / wish / were].

 I wish it were sunny today .

(3) 私の兄[弟]が車を持っていたらいいのに。

[wish / had / my brother / a car / I].

 I wish my brother had a car .

3 次の英文を日本語にしましょう。

(1) I wish she were my sister.

（ 彼女が私の妹[姉]だったらいいのに。 ）

(2) I wish I could go to the amusement park.
遊園地

（ 私が遊園地に行けたらいいのに。 ）

左ページの答 ①過去形 ②were

97

解答●15

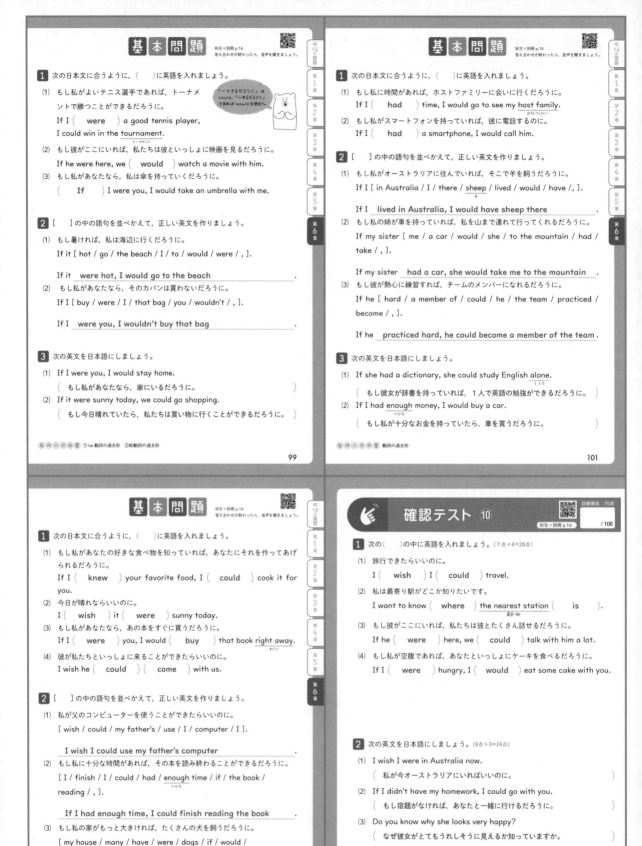

基本問題

解答→別冊 p.16
答え合わせが終わったら，音声を聞きましょう。

1 次の日本文に合うように，（　）に英語を入れましょう。

(1) もし私がよいテニス選手であれば，トーナメントで勝つことができるだろうに。

If I（ were ）a good tennis player,
I could win in the tournament.

「～できるだろうに」は could，「～するだろうに」であれば would を使おう。

(2) もし彼がここにいれば，私たちは彼といっしょに映画を見るだろうに。

If he were here, we（ would ）watch a movie with him.

(3) もし私があなたなら，私は傘を持っていくだろうに。

（ If ）I were you, I would take an umbrella with me.

2 ［　］の中の語句を並べかえて，正しい英文を作りましょう。

(1) もし暑ければ，私は海辺に行くだろうに。

If it［ hot / go / the beach / I / to / would / were /，］.

If it　were hot, I would go to the beach　.

(2) もし私があなたなら，そのカバンは買わないだろうに。

If I［ buy / were / I / that bag / you / wouldn't /，］.

If I　were you, I wouldn't buy that bag　.

3 次の英文を日本語にしましょう。

(1) If I were you, I would stay home.

（　もし私があなたなら，家にいるだろうに。　）

(2) If it were sunny today, we could go shopping.

（　もし今日晴れていたら，私たちは買い物に行くことができるだろうに。　）

左ページの答 ①be 動詞の過去形　②助動詞の過去形

99

基本問題

解答→別冊 p.16
答え合わせが終わったら，音声を聞きましょう。

1 次の日本文に合うように，（　）に英語を入れましょう。

(1) もし私に時間があれば，ホストファミリーに会いに行くだろうに。

If I（ had ）time, I would go to see my host family.

(2) もし私がスマートフォンを持っていれば，彼に電話するのに。

If I（ had ）a smartphone, I would call him.

2 ［　］の中の語句を並べかえて，正しい英文を作りましょう。

(1) もし私がオーストラリアに住んでいれば，そこで羊を飼うだろうに。

If I［ in Australia / I / there / sheep / lived / would / have /，］.

If I　lived in Australia, I would have sheep there　.

(2) もし私の姉が車を持っていれば，私を山まで連れて行ってくれるだろうに。

If my sister［ me / a car / would / she / to the mountain / had / take /，］.

If my sister　had a car, she would take me to the mountain　.

(3) もし彼が熱心に練習すれば，チームのメンバーになれるだろうに。

If he［ hard / a member of / could / he / the team / practiced / become /，］.

If he　practiced hard, he could become a member of the team　.

3 次の英文を日本語にしましょう。

(1) If she had a dictionary, she could study English alone.

（　もし彼女が辞書を持っていれば，1人で英語の勉強ができるだろうに。　）

(2) If I had enough money, I would buy a car.

（　もし私が十分なお金を持っていたら，車を買うだろうに。　）

左ページの答 動詞の過去形

101

基本問題

解答→別冊 p.16
答え合わせが終わったら，音声を聞きましょう。

1 次の日本文に合うように，（　）に英語を入れましょう。

(1) もし私があなたの好きな食べ物を知っていれば，あなたにそれを作ってあげられるだろうに。

If I（ knew ）your favorite food, I（ could ）cook it for you.

(2) 今日が晴れならいいのに。

I（ wish ）it（ were ）sunny today.

(3) もし私があなたなら，あの本をすぐに買うだろうに。

If I（ were ）you, I would（ buy ）that book right away.

(4) 彼が私たちといっしょに来ることができたらいいのに。

I wish he（ could ）（ come ）with us.

2 ［　］の中の語句を並べかえて，正しい英文を作りましょう。

(1) 私が父のコンピューターを使うことができたらいいのに。

［ wish / could / my father's / use / I / computer / I ］.

I wish I could use my father's computer　.

(2) もし私に十分な時間があれば，その本を読み終わることができるだろうに。

［ I / finish / I / could / had / enough time / if / the book / reading /，］.

If I had enough time, I could finish reading the book　.

(3) もし私の家がもっと大きければ，たくさんの犬を飼うだろうに。

［ my house / many / have / were / dogs / if / would / bigger / I /，］.

If my house were bigger, I would have many dogs　.

左ページの答 ①wish　②If　③were

103

目標得点：70点
解答→別冊 p.16
／100

1 次の（　）の中に英語を入れましょう。(7点×4=28点)

(1) 旅行できたらいいのに。

I（ wish ）I（ could ）travel.

(2) 私は最寄り駅がどこか知りたいです。

I want to know（ where ）the nearest station（ is ）.

(3) もし彼がここにいれば，私たちは彼とたくさん話せるだろうに。

If he（ were ）here, we（ could ）talk with him a lot.

(4) もし私が空腹であれば，あなたといっしょにケーキを食べるだろうに。

If I（ were ）hungry, I（ would ）eat some cake with you.

2 次の英文を日本語にしましょう。(8点×3=24点)

(1) I wish I were in Australia now.

（　私が今オーストラリアにいればいいのに。　）

(2) If I didn't have my homework, I could go with you.

（　もし宿題がなければ，あなたと一緒に行けるだろうに。　）

(3) Do you know why she looks very happy?

（　なぜ彼女がとてもうれしそうに見えるか知っていますか。　）

104

解答●16

[左上ページ 105]

得点UP アドバイス
◦ 間接疑問文では、疑問詞のあとが肯定文〈主語＋動詞～〉の語順になるよ。do, does, did は使わないから、疑問詞のあとが３人称・単数・現在の文や過去の文のときは、動詞の形に注意しよう！
◦ 仮定法では、主語のあとの(助)動詞は過去形を使うよ。be 動詞は基本的に were を使うよ。

3 [ ] の中の語句を並べかえて、正しい英文を作りましょう。(8点×4＝32点)

(1) 私たちは放課後どこで空手を練習すべきか知りません。
[after school / practice / know / we / we / where / don't / should / karate].

We don't know where we should practice karate after school .

(2) もし私があなたなら、とても驚くだろう。
[you / I / be / were / very / would / surprised / if / I / ,].

If I were you, I would be very surprised .

(3) もしあなたが駅にいれば、その電車に乗れるだろうに。
[were / that train / if / you / you / at the station / take / could / ,].

If you were at the station, you could take that train .

(4) 私たちがここにもっと長く滞在できたらいいのに。
[here / wish / stay / we / we / could] longer.

We wish we could stay here longer.

4 次の日本文を英語にしましょう。(8点×2＝16点)

(1) 私の姉たちは母が誕生日に何をほしいか知りたいと思っています。
My sisters want to know what my mother wants for her birthday.
↳ 彼女の誕生日に：for her birthday

(2) 英語がもっと上手く話せたらいいのに。
I wish I could speak English better.
↳ もっと上手く：better

答え合わせが終わったら、音声を聞きましょう。

105

[右上ページ 106]

💬 会話表現編 COMMUNICATION!   解答→別冊 p.17

❶ 相手が不在で、伝言を残す

大切な表現

I'm sorry, he is out. ＿＿＿ 電話で、相手が話したかった人が外出中であると伝えるときの表現
(ごめんなさい。彼は出かけているんです。)

Do you want him to call you back? ＿＿＿ 相手が話したかった人に、電話をかけなおしてもらいたいかたずねるときの表現
(彼にかけなおしてもらいたいですか。)

Can I leave a message? ＿＿＿ 電話で伝言を残したいと伝えるときの表現
(伝言を残してもいいですか。)

Can I take a message? ＿＿＿ 電話で伝言があるかたずねるときの表現
(伝言をあずかりましょうか。)

I'll call back later. ＿＿＿ 電話で用件を言わずに、かけなおすと伝えるときの表現
(あとでかけなおします。)

◦ 次のようなとき、どのように言いますか。英語で書きましょう。

(1) 兄あてに電話があったが、出かけていると相手に言うとき。
I'm[I am] sorry, he is[he's] out.

(2) 兄に電話をかけなおしてもらいたいかたずねるとき。
Do you want him to call you back?

(3) 電話で伝言を残したいと伝えるとき。
Can I leave a message?

(4) 電話で伝言があるかたずねるとき。
Can I take a message?

(5) 電話で話したい相手がいなかったので、あとでかけなおすと言うとき。
I'll call back later.

答え合わせが終わったら、音声を聞きましょう。

106

[左下ページ 107]

💬 会話表現編 COMMUNICATION!   解答→別冊 p.17

❷ 交通手段をたずねる・道案内

大切な表現

Excuse me. ＿＿＿ 道をたずねるときなどで知らない人に声をかけるときの表現
(すみません。)

Could you tell me how to get to the station? ＿＿＿ 目的地までの行き方をていねいにたずねるときの表現
(駅への行き方を教えていただけませんか。)

Could you tell me the way to the library? ＿＿＿ 目的地までの行き方をていねいにたずねるときの、もう１つの表現
(図書館への行き方を教えていただけませんか。)

Take the Chuo Line to Kita Station and change trains there. ＿＿＿ 電車の乗りかえについて教えるときの表現
(北駅まで中央線に乗って、そこで乗りかえてください。)

◦ 次のようなとき、どのように言いますか。英語で書きましょう。

(1) 道をたずねるために「すみません。」と声をかけるとき
Excuse me.

(2) 「駅への行き方を教えていただけませんか。」とたずねるとき(2通り)
・ Could you tell me how to get to the station?
・ Could you tell me the way to the station?

(3) 「北駅(Kita Station)まで中央線(the Chuo Line)に乗って、そこで乗りかえてください。」と教えるとき
Take the Chuo Line to Kita Station and change trains there.

答え合わせが終わったら、音声を聞きましょう。

107

[右下ページ 108]

💬 会話表現編 COMMUNICATION!   解答→別冊 p.17

❸ 道を説明する

大切な表現

Man: Excuse me. Could you tell me the way to the hospital?
(すみません。病院への行き方を教えていただけませんか。)

Ken: Well, go two blocks and turn left at the bank.
(ええと、２ブロック進んで銀行を左に曲がってください。)

Man: Turn left at the bank.
(銀行を左ですね。)

Ken: Yes. You'll see it on your right.
(はい。右側に見えますよ。)

病院　銀行

◦ 次のようなとき、どのように言いますか。英語で書きましょう。

(1) 「銀行への行き方を教えていただけませんか。」とたずねるとき。
Could you tell me the way to the bank?
[Could you tell me how to get to the bank?]

(2) 「3ブロック進んで病院を右に曲がってください。」と答えるとき。
Go three blocks and turn right at the hospital.

(3) 「左側に見えますよ。」と答えるとき。
You'll see it on your left.

答え合わせが終わったら、音声を聞きましょう。

108

解答●17

❹ 店で衣類を買う

大切な表現

May I help you? (いらっしゃいませ。 [お手伝いしましょうか。])	店員が，最初に客に声をかけるときの表現
I'm looking for a shirt. (シャツを探しています。)	自分が探しているものを店員に伝えるときの表現
How about this? (これはいかがですか。)	店員が，客に商品をすすめるときの表現
This shirt is too small. (このシャツは小さすぎます。)	すすめられた商品のサイズが合わなかったときの表現
I'll take it. (これにします。)	商品を買うと決めたときの表現

◎ 次のようなとき，どのように言いますか。英語で書きましょう。

(1) 店員が店に入ってきた客に声をかけるとき。

　　　May I help you?

(2) 帽子を探していると店員に伝えるとき。

　　　I'm looking for a hat[cap].

(3) 「これはいかがですか。」と客にすすめるとき。

　　　How about this?

(4) すすめられた帽子が大きすぎたとき。

　　　This hat[cap] is too big[large].

(5) 商品を買うと決めたとき。

　　　I'll take it.

答え合わせが終わったら，音声を聞きましょう。

---

❺ レストランで

大切な表現

May I take your order? (ご注文をうかがってもよろしいですか。)	店員が，客に注文を聞くときの表現
Yes, please. (はい，お願いします。)	May I take your order? に対して，「はい」と答えるときの表現
I'll have the steak and the tomato soup. (ステーキとトマトスープを お願いします。)	注文の内容を伝えるときの表現
Anything else? (ほかにございますか。)	ほかに注文があるか確認するときの表現
No, thank you. (いいえ，けっこうです。)	Anything else? に対して，もう注文はないと答えるときの表現

◎ 次のようなとき，どのように言いますか。英語で書きましょう。

(1) 客に注文を聞くとき。

　　　May I take your order?

(2) (1)に答えて，「はい，お願いします。」と言うとき。

　　　Yes, please.

(3) 「ステーキとサラダ(the salad)をください。」と言うとき。

　　　I'll have the steak and the salad.

(4) ほかに注文があるかたずねるとき。

　　　Anything else?

(5) (4)に答えて，もう注文はないと言うとき。

　　　No, thank you.

答え合わせが終わったら，音声を聞きましょう。

---

❻ ていねいな依頼・勧誘・申し出など

大切な表現

Would you like some tea? (お茶はいかがですか。)	何かをすすめるときの表現で，ていねいな言い方
Yes, please. (はい，お願いします。)	相手のすすめに「はい」と答えるときの表現
Would you like to eat some cake? (ケーキを食べたいですか。)	何かをすすめるときの表現で，ていねいな言い方
Yes, I'd like to. (はい，食べたいです。)	Would you like to ～? というすすめに「はい」と答えるときの表現
No, thank you. (いいえ，けっこうです。)	相手のすすめを断るときの表現
Why don't we go to the movie? (映画に行きませんか。)	相手を誘ったり，提案するときの表現

◎ 次のようなとき，どのように言いますか。英語で書きましょう。

(1) 「コーヒー(some coffee)はいかがですか。」と相手にすすめるとき。

　　　Would you like some coffee?

(2) 「ケーキ(some cake)を食べたいですか。」と相手にすすめるとき。

　　　Would you like to eat some cake?

(3) (2)に答えて，「はい，食べたいです。」と言うとき。

　　　Yes, I'd like to.

(4) (2)に答えて，「いいえ，けっこうです。」と断るとき。

　　　No, thank you.

(5) 「ハンバーガーを食べませんか。」と相手を誘うとき。

　　　Why don't we eat a hamburger?

答え合わせが終わったら，音声を聞きましょう。

実力テスト ①

目標得点：70点

／100

1 次の(　)の中に英語を入れましょう。(7点×4＝28点)

(1) 私はちょうど宿題を終わらせたところです。

I have (　just　) finished my homework.

(2) 英語は世界中で話されます。

English (　is　) (　spoken　) all over the world.

(3) 私たちが見つけたこの手紙はとても古いです。

This letter (　we　) (　found　) is very old.

(4) そのイヌはあまりに眠たいので目を開けることができません。

The dog is (　so　) sleepy that it (　can't　) open its eyes.

2 [　]の中の語句を並べかえて，正しい英文を作りましょう。(7点×3＝21点)

(1) 彼女はコンピュータの使い方を学びました。

[to / computer / she / learned / how / use / a].

　　　She learned how to use a computer ．

(2) 私は今何時か分かりません。

[it / know / don't / I / time / is / what] now.

　　　I don't know what time it is now．

(3) 母は私に部屋をそうじするようにいいました。

[me / my mother / the / told / room / clean / to].

　　　My mother told me to clean the room ．

Page 113

3 次の英文を読んで，各問いに答えましょう。

We can get food and *clothes easily. We think it is *natural. But some people in other countries can't get ①them easily. They need our *help. ②We mustn't forget these people and should help them as much (③) we (④).

*clothes：衣類　natural：当然の　help：助け

(1) 下線部①が指す語句を本文中からぬき出して書きましょう。(7点)

　　food and clothes

(2) 下線部②を日本語にしましょう。(7点)

　　(私たちはこれらの人々のことを忘れてはいけません)

(3) 空所③，④にあてはまる語を書きましょう。(完答8点)

　　③ (as)　④ (can)

(4) 本文の内容にあうように，( )の中に英語を入れましょう。(完答8点)

　　(It) is difficult (for) some people (to) get food and clothes.

4 次の日本文を英語にしましょう。(7点×3＝21点)

(1) 私が泳げたらいいのに。

　　I wish I could swim.

(2) 彼はポール(Paul)より背が高いと私は思います。

　　I think (that) he is[he's] taller than Paul.

(3) 彼女はその知らせを聞いて驚きました。

　　She was surprised to hear the[that] news.

答え合わせが終わったら，音声を聞きましょう。

113

Page 114

1 次の( )の中に英語を入れましょう。(7点×4＝28点)

(1) 彼は2度，日本を訪れたことがあります。

　　He (has) (visited) Japan (twice).

(2) この机は私の父によって作られました。

　　This desk (was) (made) (by) my father.

(3) そこで走っているその少年はアキラです。

　　The boy (who) (is) (running) there is Akira.

(4) もし私があなたなら，海外へ旅行するだろうに。

　　If I (were) you, I (would) travel abroad.
　　　　　　　　　　　　　　　　　　海外へ

2 [ ]の中の語句を並べかえて，正しい英文を作りましょう。(7点×3＝21点)

(1) アメリカで話されている言語は英語です。

　　[in / language / is / spoken / English / America / the].

　　The language spoken in America is English .

(2) 彼女は何回，沖縄へ行ったことがありますか。

　　[times / she / Okinawa / how / has / many / visited]?

　　How many times has she visited Okinawa ?

(3) 彼女は私に窓を開けるよう頼みました。

　　[me / she / the window / asked / to / open].

　　She asked me to open the window .

114

Page 115

3 次の英文を読んで，各問いに答えましょう。(6点×5＝30点　(2)完答)

Aya : ①すみません。 Could you tell me ②( )( ) to the station?

Man : Well, go straight and turn (A) at the second corner.

Aya : I turn (B) at the bank, right?

Man : That's right. You'll see it on your (C).

Aya : Thank you very much.

(1) 下線部①の日本文を英語にしましょう。

　　Excuse me.

(2) 下線部②の( )に英語を入れましょう。

　　(the)(way)

(3) 右の地図を見て，本文中のA～Cの( )に入る英語を書きましょう。

　　A (right)　B (right)
　　C (left)

地図：公園，本，病院，銀行，駅

4 次の日本文を英語にしましょう。(7点×3＝21点)

(1) 彼は一度も東京に行ったことがありません。

　　He has never been to Tokyo.

(2) その知らせは私たちを悲しくさせました。

　　The[That] news made us sad.

(3) 私はその店で何を買えばよいかわかりません。

　　I don't[do not] know what to buy[what I should buy] at the store[shop].

答え合わせが終わったら，音声を聞きましょう。

115

Page 116

1 次の( )の中に英語を入れましょう。(7点×4＝28点)

(1) 彼女は3時間ずっとその本を読んでいます。

　　She has (been) (reading) the book (for) three hours.

(2) とても速く泳いでいる男の子はだれですか。

　　Who is the (boy) (swimming) very fast?

(3) 彼らはあまりに疲れていて夕食を作ることができませんでした。

　　They were (too) tired (to) make dinner.

(4) もし私がイヌを飼っていたら，一日中いっしょに遊ぶだろうに。

　　If I (had) a dog, I (would) play with it all day.
　　　　　　　　　　　　　　　　　　　　　　　　　一日中

2 [ ]の中の語句を並べかえて，正しい英文を作りましょう。(7点×3＝21点)

(1) 私たちが昨日訪れた動物園には多くの動物がいました。

　　[that / we / many animals / yesterday / visited / the zoo / had].

　　The zoo that we visited yesterday had many animals .

(2) あなたは何回その映画を見ましたか。

　　[watched / have / times / the movie / how / you / many]?

　　How many times have you watched the movie ?

(3) 私たちの先生は，早起きすることはよいと言いました。

　　[getting up / good / that / us / told / our teacher / was / early].

　　Our teacher told us that getting up early was good .

116

解答●19

3 次の英文を読んで，各問いに答えましょう。

　　Hi, I'm Aoi Kawase.　Please look at this picture.　This is a bag
(① make) of old *kimono*.　My grandmother made it.　②She has used
her *kimono* for 10 years .　It became old, so she decided to *remake it
into a bag.　My grandmother tries to *reuse things.　She said, ③it is
important to think about the future.　Next week, she is going to
remake her *kimono* into a bag again.　If you want to make ④one, please
come to my house.

* 〜を…に作り直す：remake 〜 into …　　再利用する：reuse

(1)　(①)内の英語を適切な形になおしましょう。(7点)　　　(　**made**　)

(2)　下線部②の□□が答えの中心になる疑問文を作りましょう。(8点)
　　　How long has she used her *kimono*?

(3)　下線部③を日本語にしましょう。(8点)
　　（　**将来について考えることは重要です**　　　　　　　　　　　　　　）

(4)　下線部④が指す語句を本文中から2語でぬき出して書きましょう。(7点)
　　　　a　　　　**bag**

4 次の日本文を英語にしましょう。(7点×3＝21点)

(1)　机の下にいるネコは2歳です。
　　　The cat under the desk is two years old.

(2)　今日は私に昼食を作らせてください。
　　　Let me make[cook] lunch today.

(3)　あなたはもうレポートを書きましたか。
　　　Have you written the report yet?
　　└▶ レポート：report　　　　　　　　　　　答え合わせが終わったら、音声を聞きましょう。